# じいじ、ばあばが小さかった頃

石井 勝雄

# まえがきにかえて

今から数十年前、私が子どものころに体験したことを思い出して書き留めてみました。

当時の農作業は手作業で田んぼの苗代を作り、田植えから取り入れまで家族総出で働いたものです。親は夜なべ仕事に精を出しました。

娯楽の少ない時代、お正月、お盆さま、神社の祭りは部落の青年団や婦人会が中心になり大いに盛り上げ、家では親戚中が集まり飲んだり食べたりして楽しみました。

普段の生活で野菜類は自宅で栽培し、川には魚がたくさんいて捕って食べるのに困ることはない生活でした。その一方、ノミやシラミに悩まされることが続きましたが、その後薬品が開発され、徐々に収まってきました。子どもは学校から帰ると近所の子たちと集まり、いろんな遊びで楽しみました。
私と同世代の方々に当時の懐かしい出来事を思い出していただくとともに、若い方や子どもたちには知らない世界を多少でも知ってもらえればと思い、紹介します。

石井 勝雄

# 目次 ――『じいじ、ばあばが小さかった頃』

## 第2部 行事

## 第3部 漁

## 第4部　出来事



## 第5部　子どもの遊び

本文DTP／虻川 陽子
イラスト／金子 恭子

# 第1部　仕事

## 1 苗代《なわしろ》（昭和30年代）

5月になると苗代の準備が始まります。田んぼに藁や牛糞でよく腐らせた堆肥金肥を施し、長男と三男は牛を使い鋤（土を掘り起こす道具）とオンガー（土を細かくする道具）で田を耕すことから、田かきをして植える準備を行い、30坪ほどの田んぼに幅1メートルほどの畝を何本か作り苗代とします。水をいっぱいに張り畝の高い部分だけ地面が出ている場所を作り、家族のお風呂が済んだ後、網の袋に入った籾を2日間ほど浸して芽の出る寸前の種を畝に満遍なく手作業で蒔きます。

それからひたひた加減に水を保ち、芽が出て1カ月ほどすると20～30センチに成長します。田植えをする田は6月になると組合で決められた日に川の水が排水路を通して流され、一斉に田かきが始まり田植えになります。

どこの家でも田植えの準備で一家総出で苗取りが始まります。田植えが終わる「さなぶり」まで雨が降れば蓑《みの》を着て笠をかぶり、休みはありません。

## 2 苗取りと田植え

苗取りは四角な石油缶くらいの大きさの腰かけを尻に当て、両手で苗を1、2本ずつ引き抜き20～30本ごとに藁で束ね縛ります。田かきが終わり植える準備ができると、束ねた苗を親子で田んぼまで提げていき、「苗振《なえふり》」をします。田んぼに40～50センチおきに平均に苗が振られると一面は青い苗で草が生えたように染まります。

田植えには「受け取り」（隣組の中心になる人が5～10人ほどの仲間を募り専門に植える）があります。予定された数人の受け取りが一斉に田んぼに入り、頭領《とうりょう》の合図に従って田植えが始まります。麻でできた長い縄を2人の縄《なわ》張《ばり》が畔に沿って引き合い、そこから約60センチ間隔に3本ほどの縄を張り、植える人は縄に沿って等間隔に並びます。苗振された苗の束を両手に持ち、縄張の合図で1本目の縄から順に2、3本ずつ片手で植えていきます。1本目を植え終わると縄を跨《また》ぎ、張った縄に沿って後ずさりしていきます。

近くの田んぼは田かきをしている水の音や、苗振をしている音、植える者の話し声でにぎやかです。また田かきをするために歩くジャブジャブという音、大きな声で馬や牛を操る「ほら、ほら、ほいほい」という「鼻取り」(牛の鼻に竹竿を付けて誘導する)の声。鼻取りは決まって子どもで、鼻取りに対して「もっと右右……」「左左……」と大きな「しんどり」(牛の後ろで鋤、オンガーを持つ人)の声や笑い声でにぎわい、日が沈むまで続きます。

田植えは大変な労働なので午前10時と午後3時に「受け取り」は30分ほど

一斉に休みます。別に近くの田んぼで働いている隣組の家族は2世帯くらいが1カ所に集い、家庭で持ち寄ったものを親子家族で団らんしながら食べます。食べ物は比較的栄養分のあるものが振る舞われ、赤飯を中心におむすび、煮物、漬け物などを食べながら楽しいひと時を過ごします。

2週間から3週間して水の入った田んぼの田植えが終わり一段落すると、各家庭では早苗饗《さなぶり》の行事をします。早苗饗は田植えが終わった一時、ゆっくり休みながら五穀豊穣《ほうじょう》を祈り、うどんや赤飯、御神酒を神棚に備え、その時にオンガー、マンガーにも御神酒を注ぎます。

間もなく村中の田植えが終わると回覧板が回り、決められた3日間の休養を取るように告げられます。それを「のあがり」といい、農家はゆっくり休める楽しい3日間になります。

# 3　田転がし・田の草取り

田植えが終わり、２～３週間過ぎると、田んぼの草取りです。草が生え始めると田転《たっころ》がしをします。これは植えた苗の間を、刃先が回転する道具を押して歩く作業で、稲を植えた20～30センチの間をガラガラ、ガラガラ……と音を立てながら歩きます。この作業は除草と苗の成長を促すためと思われます。

田転がしが終わると、次は田草取《たなぐさと》りです。家族総出で１人が４柵から５柵ずつ苗の周りの草を取り、土をかき回し、取った草は土に埋めて前に進んでいきます。休みの日は子どもが手伝いますが、稲が大きくなり背丈が高くなると穂が顔に当たるため、子どもにとっては嫌な仕事です。田の草取りは穂が出るまでしばらくの間何度も繰り返し行います。

## 4 朝づくり（草刈り）

農家では、朝食前に仕事をすることを朝づくりと言います。朝早く起きて日の出ごろから朝食前の1～2時間、子どもたちは草刈りに行きます。青い草は牛の餌、堆肥、そして干し草にして学校に持参＝動物の飼料にするのに使います。毎朝起きると長女が「草刈り鎌」を研ぎ、終わると次女と私の2人で行きます。場所は道路の端、田んぼの畔、川の土手などで、よく切れる鎌は面白いようにサクサクと音を立てて刈り取れますが、毎朝草刈りに行く人が多いため草の生えている場所は比較的少なく、遠くから見ると生えているように見えても近くに行くと刈った後で、草を探すのが大変な苦労です。

しかし、2人で何とかいっぱいにした背負《しょ》い籠《かご》を背負って帰ります。現在は川の土手や空き地に草が所狭しと伸び放題で、それを絶やすには大変な労力を必要とします。

## 5 農繁休暇

夫婦2人でする手仕事だけで農作業は大変です。まして父親がいない家はどうしても子どもを頼りにせざるを得ません。毎年、春と秋の忙しい時期の農繁期（閑な時期を農閑期と言います）があります。その農繁期に、小、中学校では1週間近い休みがあるので、手間のない農家は助かります。春は5月下旬ごろの麦刈りや田植えの時期に、男の子は田を耕す手伝いや、牛や馬の「鼻取り」（田や畑を耕すために牛、馬の鼻先に竿を付けて誘導して歩く）、女の子は料理や苗取りの手伝いをします。小学生の女の子は近くの家に頼まれ乳幼児の子守です。おんぶをしたり遊ばせたり、昼食時と午前10時、午後

3時のお茶休みに親の元へ連れて行ってオムツの交換をしたり、お乳を飲ませたりします。

秋の休暇は11月初旬ごろで稲刈りや「はんでいかけ」(丸めた稲を棒に掛けて干す)、また秋の作付けの準備の手伝いをしますが、農家でない子どもは勉強も仕事もなく、大いに遊ぶことができる楽しい休みになります。昭和20年代に農繁休暇は廃止されました。

## 6 大麦・小麦作り

米の出荷が終わると次は大麦、小麦の栽培です。大麦は押し割りにして米と混ぜて食べ、小麦はうどんの材料です。10月ごろに稲を刈り終わった田んぼを牛にひかせた鋤で掘り起こし、次に土を細かくしてから鍬《くわ》で畝を作ります。種は前夜に家族が風呂から上がった後の湯に漬けて「芽だし」をしてから蒔きます。蒔いた上に土を被せるためにフリマンガー（夫婦マンガー）で2人1組で向き合って右に左に呼吸を合わせて振ります。兄弟、親子の場合背丈が異なるとなかなかうまくいきません。田んぼの土は硬くゴロゴロしているので土を細かくしながら覆います。11月になり寒さが増す中、霜柱で蒔いた種が浮き上がることのないように麦踏みをします。裸足足袋《はだしたび》、または運動靴のようなものを履き、2月ごろまで時々行います。

4月ごろになると麦も大きくなり穂も出て、黄金色に染まると麦刈りです。大麦は根元から刈り取りますが、穂はとげとげしく体に刺さるので子どもたちには喜ばれない仕事です。家族総出で刈った麦はいっそう（稲藁を穂先で縛った縄の代用）で一抱えに縛った束をリヤカーに積んで自宅に運び、どちらも脱穀をして唐箕《とうみ》にかけ、俵に入れて1年分の食料として保存します。

## 7 養蚕

蚕は4月の春蚕《はるご》に始まり、夏蚕《なつご》、初秋、晩秋、晩々秋と5回繭を取ることができます。春蚕の繭の出荷が終わると田植え、田植えが終わると夏蚕の掃《は》き下《お》ろしです。

田の草取りが終わりやっと一息ついたところで、7月になると次は夏蚕が始まります。夏は掃き下ろして1カ月半くらいで繭になりますので、この近辺の家では8月のお盆の前にうまく終わるように予定が組まれています。

時期になると、村にある稚蚕飼育所から申し込んだ50グラム（掃き下ろす時の種の重さ）ほどの蚕を受け取り、母親が蚕を平らな竹籠にムシロを敷き、棚を3～4枚作ります。桑摘みはしばらく1人で前庭の桑畑《くわばたけ》から桑摘み器で摘んで朝、昼、晩と与えますが、蚕も少しずつ大きくなり、家族の手伝いが

必要になる8月初旬ごろになると、蚕の棚を1メートル四方の長さに座敷いっぱいに作ります。

座敷が蚕に占領される約2週間、親子は蚕の棚の間か、上がり端で寝ることになります。蚕は約1週間の間隔で4回（初、2、3、4眠）休み脱皮し、その時は丸1日間、桑を食べません。3眠が済んだころから食べる桑も増え、桑は根元から桑切り鎌で切って与えるようになり、蚕が桑を食べる音も大きく聞こえるようになります。

このころになると、子どもたちは毎日学校から帰ると桑切りの手伝いをします。4眠《よんみん》が終わり、すごい食欲の蚕は1週間もすると徐々に頭を持ち上げはじめ、体の色が赤みを帯びて透き通ってきます。これを「ひきる」といい、蚕が繭を作る準備なのです。

蚕には「たれこ」という病気があり、かかるとかなりの蚕が死んでしまいます。予防のために町から派遣される「蚕の先生」が2、3日おきに訪問してくれます。当時は薬もなく、たれこが発生するとほとんどが屑繭になってしまいます。

## 8 上蔟と繭かき

蚕が繭を作るには蔟《まぶし》を準備しなければなりません。蔟は、藁で編んだ高さ10センチほどのすだれを格子状に組み合わせたもので、これをむしろの上に立てます。頭を振っている蚕を家族全員で拾い集め、手持ちの升に入れ、升から蚕をパラパラと蔟に蒔くように振り分け入れます。蔟に入った蚕は1週間ほどで真っ白な繭を作り、内部できれいなサナギになります。

お盆も近づく8月中旬に繭が出来上がると、次は繭を蔟から一つ一つ取り出す繭かきです。繭かきした繭はいったんバケツに入れて1カ所に集め、毛羽取り機（手回しの回転式機械）で毛羽を取ります。きれいになった繭の良否を選別して籠の中に入れ、出荷できる繭だけ天秤ばかりで計測。翌日、長男が選けん所へリヤカーで運びます。

不良の繭はそのまま大きなザルに入れて保存し、後日自宅で紡いだ糸で機織り機で子どもたちの着物を作ります。

## 9 糸紡《つむ》ぎ・機織《はたお》り

毎年、繭を出荷すると屑の繭もたくさん出ます。その繭をお湯で煮立て、細い糸を12、3本引き出して糸縒車《いとよりぐるま》にかけ、太い糸にします。

この機械は直径50センチほどの太鼓様のもので右手でハンドルを回しなが

ら左手の指先で誘導し、糸を太鼓に巻いていきます。巻き終わったら次は、紡いだ糸を太鼓から木製の角張った糸巻きに巻きつけます。それを長く伸ばして乾燥させた後は機織りです。

まっすぐに伸びた数十本もの縦糸を平行にそろえて乾燥させ、機織り機に取り付けます。機織り機は左右の足で交互に踏みながら織っていきます。往復する横糸を通すのが「杼《ひ》」で、上から垂れ下がった紐を右手で下に引くと杼が通り過ぎます。

縦糸に打ち込むのは「筬《おさ》」。杼が通り過ぎる時に筬を左手で手前に２回打ち付けてトントン、筬が通るとカラリという音を発します。この音は「トントンカラリ、トンカラリ」とリズミカルに聞こえます。農閑期の女性の仕事としては充実感があり、子どもたちの衣類を作る夜なべ仕事に機織りの音は夜遅くまで響きます。

## 10 秋の取り入れ・脱穀

10月の下旬ごろになるとそろそろ霜が降り、稲刈りの時を迎えます。稲を刈るには家族全員がのこぎり鎌を使い、刈った稲を直径10センチくらいの小さな束にします。半分ほど刈ると、長男が「はんでい」(孟宗竹や棒を4メートルくらいにつなぎ合わせ、2メートル間隔くらいに三脚を立てます)をかけます。刈った稲の束を長男が二つに開いて横棒に掛け、子どもたちは小さい束を抱えて掛けるところに運びます。

稲束は1週間~10日ほど秋の天候で乾燥させます。取り入れは霜が降りて地面が真っ白になった11月の寒い日、子どもたちの助けを借りながら稲束をいっそう(藁の穂先を縛った縄の代用品)で縛ります。リヤカーに山ほど積み込むと次男が前で引き、次女と三女は後ろから押します。

物置の中が稲束でいっぱいになると、その日の夕食後は夜なべ仕事です。昭和10年代までは稲を抜く脱穀機《こ》がなく、足こぎの脱穀機《がーこん》を使い、一束一束を大変な思いでこいたものです。その後昭和17年ごろ電灯がつき、間もなくモーターで回す脱穀機を購入したので作業はとても楽になりました。ただ稲を抜く仕事はほこりが多く出るため、頭に帽子、首に手ぬぐい、鼻と口はマスクで覆い、完全防備で臨みました。こくのは長男の仕事で、籾藁を運んだり、籾をかき出したりするのは子どもたちです。この時期はどこの家からも夜遅くまで、機械の回る音が聞こえてきます。

## 11 籾の乾燥と唐臼《からうす》・供出

籾の乾燥は秋の青天の下、庭に敷いたたくさんのむしろの上に籾を広げて干しては取り込み、取り込んでは干すを1週間ほど繰り返します。

籾が乾燥したら次は唐臼の出番です。唐臼は籾殻を外に吹き飛ばし、玄米を取り出す道具で、できた玄米は唐箕《とうみ》（約1・8メートルの上部に玄米を入れる四角い箱で、下には細長く狭い出口があり、上からサラサラと落ちてくる玄米に手回しのハンドルで風を送ります）にかけ、真下に落ちる良い玄米と、唐箕の風で遠くに飛ぶ屑米により分けます。

良い玄米は供出（政府に売り渡すこと）するため60キロ入りの米俵に入れます。屑米は家で食べたり、動物の餌にしたりします。

わが家は供出用として30俵余りを政府から割り当てられていました。農協に持参すると係官が俵に「さし」で抜き取り検査をし、1等、2等、等外にランク分けします。1等は高値ですが、等外はかなり安く買い取られました。

家では、玄米を精米機にかけてできた新米をさっそく炊いて食べますが、そのご飯を「穂掛け」といい、新米を神様に上げて収穫を感謝したものです。その時は白米のご飯とサンマのごちそうでした。

## 12 米俵《こめだわら》

米を供出するために俵編み（こもあみともいいます）をします。供出に間に合わせるには夜なべ仕事で作らなければなりません。俵を作る道具は既製品で長さ120センチ、高さ50センチ、幅6～7ミリほどの2枚の板を両端に1センチくらいの隙間を開けて固定し、藁が間を通るように作られています。まず、藁の根元に近い部分を小槌で軽くたたき、しべ（屑藁）を取ってきれいにします。その藁を2枚の板の間に横に数本ずつ入れ、等間隔にある4カ所の金属の留め金の部分を藁縄で交互に反対側に引いて両手で締め付けます。

俵から米が漏れないようにするには技術が必要です。それに手編みの桟《さん》俵《だわら》を両端に付ければ出来上がりです。

供出の時に4斗の俵、すなわち60キロの米を担ぐのは、力のある男性ならできますが、体力がないと大変苦労します。この米の入った俵をリヤカーに載せて農協に運ぶと、力のある男性が肩に担いでトラックに載せたり、倉庫に運び入れたりします。

## 13 稲藁の使い道

脱穀した藁は直径10センチほどに束ね、乾燥して保存します。使い道は、刈った小さな稲束を縛る、いっそうを作る、縄をなう、さつまいもなどの保存食の断熱に利用する、堆肥にする——などいろいろあります。中でもいっそう作りは比較的簡単にでき、夜なべ仕事で作業します。藁の元の方をハンマーでたたき、柔らかくするのと同時にしべ（藁屑）を取り、より合わせて数本ずつ縛れば出来上がり。稲刈り、麦刈りで刈ったものを大きく縛る縄の代用として用いられます。

## 14 縄ない

籾を除いた藁はいろんなことに使えるので保存しておきます。縄ないは藁のしべを取り除き、ハンマーでたたいて柔らかくしてから、二股にした藁を両手で同時にねじり、逆方向にかみ合わせると、ねじりが元に戻ろうとする力で二つの藁がかみ合い縄ができます。太さは藁の本数によって決まるため太さが一定になるようにし、手先の力を使いできた部分をお尻で押さえなが

ら編み、後ろに送るので、お尻の後ろに縄がたまっていきます。

昭和20年代に縄ない機を購入し、機械で縄をなうようになりました。機械の下にあるペダルを足で踏みながら、左手で持った藁を右手で2カ所に継続して2、3本ずつ入れると、機械で回る太鼓に均一の太さの良い縄が巻き付きます。夜なべ仕事にしては効率の良い仕事で縄も豊富に使えるようになり、俵や木の枝、稲藁を縛るのに便利になったものです。

## 15 桑の皮むき

桑の皮は売れるため、時に家族で桑の皮をむく仕事をします。桑の根元をハンマーでたたき、皮を柔らかく持ちやすくして、元の方の皮を手で掴《つか》み、先の方まではぎ取る。はいだ皮は何本かずつ天日に干し、乾燥させます。行商の方が来て目方で買い取ってくれます。

　また学校で桑の皮はぎ競争があり、この時はいだ皮は学校に納めます。物の少ない時代、その皮で衣服を作ったとも聞きますが、事実は分かりません。桑の皮はぎ競争は昭和20年代に廃止されました。

## 16 さつまいも作り

　さつまいもを作るには、まず苗床が必要です。苗床を作る方法は、藁で編んで作った高さ50～60センチの囲いの中にたくさんの木の葉や堆肥を入れ、土で覆ってさつま床《どこ》にし、土の中にさつまいもを並べて土をかけます。5月ごろ、10～15センチ程度に伸びた芽を剪定ばさみで切り取り、肥料の入った畑に挿し植えします。麦刈りの時期と重なるので麦を刈った畝に沿って鍋底の穴を掘って植える場合もあります。

6月ごろになると気温が上がり、つるは勢いよく土の上をはって伸び、根を下ろします。放置するとはった根に養分を取られてしまうため、夏の暑い日に必ずつる返しをして、草退治のつらい仕事をたびたび行います。

10月ごろまで青々としていた葉は11月近くなると霜であっという間に黒く枯れてきます。その前後がさつまいもを掘り出す時期です。つるは鎌で切り取り、万能《まんのう》で1株1株傷つけないように掘ると3~5個くらいの大きなさつまいもが根に付いてきます。大切な食料であり、たくさん取れると喜びもひとしおです。

取れたさつまいもは保存し、長期間食べます。雨のかからないよう庇《ひさし》の下に大きな穴を掘り、底に麦藁を敷きます。側面にも麦藁を立てて入れ、中にさつまいもを寝かせて籾殻で包むようにします。寒さをしのげるように麦藁

や稲藁で覆いをしておくと長期の保存が可能です。

毎日の食べ物も十分ではない時代、たくさん取れたさつまいもは青森県のリンゴ農家とリンゴとの交換をお願いします。やがて籾殻の詰まった箱いっぱいにリンゴが送られてくるのを、子どもたちは楽しみに待ったものでした。

## 17 天秤棒とくみ取り

くみ取り式トイレは家から数メートル離れた半坪ほどの小さな小屋です。夜のトイレは真っ暗な中を薄暗い懐中電灯一つで行かなければならないので、子どもにはとても辛いことでした。

トイレの溜めつぼがいっぱいになると、二つの桶に入れて天秤棒を使って運びます。畑に1・5メートル四方のコンクリートで囲った溜め入れに入れる家もありますが、私の家では畑の作物の間に鍬で深く作った柵の中にまき、土で覆いました。牛の糞や藁を積んだ堆肥枠の中に入れて上から覆う方法もありました。

トイレの溜めつぼから柄杓《ひしゃく》で二つの桶にくみ入れると長さ2メートルほどの天秤棒の両端に桶をつるし、肩にかけて溜担《ためかつぎ》で運びます。慣れないと桶が揺れて中身が飛び出し、長靴の中に入り、汚れとにおいのきつい嫌な仕事です。

春になり畑が雑草で覆われると、溜め池に落ちる事故が近所で起きます。

人間の体内から出たものが作物を通して再度口から体内に入ると虫がわいたり害を及ぼしたりすることが知られるようになり、畑にまくのは徐々に少なくなりました。学校では児童生徒の蟯虫《ぎょうちゅう》検査がよく行われました。

※蟯虫は体長7～8ミリで小腸や盲腸に寄生し、肛門部から手に付き口に入ります。

## 18 牛を飼う

牛は、田んぼや畑を「うなう・かく・堆肥を作る」ことの貴重な役割を果たしてくれるので、家族同様に大切にします。住まいの片隅を4坪ほどの広さで区切り、いつでも連れ出せるように6尺幅の出入り口に3本の「まあせ棒」を掛けておき、牛が出入りする場所は西側に作ります。時には人が出入りする玄関を牛が通ることもあります。

牛の食事は朝夕、飼葉切《かいばきり》で短く切った藁を飼葉桶《かいばおけ》に入れます。また雑《ぞう》ず桶《おけ》には、お勝手から毎日出る野菜屑や米のとぎ汁を入れ、いつでも食べられるようにしておきます。

農繁期には田や畑を耕すのに役立ちますが、農閑期は週に1度、鼻環《はなかん》に手綱を付けて田んぼの畦道や川の土手で1時間くらい運動させます。

敷き藁は1カ月も過ぎると入れ替えをします。出入り口から、牛が踏んだ糞混じりの藁をフォークで一輪車に載せ、堆肥を作る堆肥枠（幅2メートル四方、高さ50センチくらいの板の枠で囲ってある）の中に入れます。枠の中はそのたびに積み重ね、枠を少しずつ上げると徐々に堆肥の高さも2メートルほどの山となり、発酵して1年もすると良い堆肥ができます。それは稲作のための重要な肥料になるのです。

## 19 農作業（まんのうを使って耕す）

畑は牛を使って鋤《すき》で耕しますが、牛のいない家、小さな畑や田んぼは「まんのう」で掘り起こします。

まんのうは1メートルほどの木製の柄の先に、幅30センチくらいの鉄の横棒に4本の角形の鉄の棒を縦に取り付けてある農具です。畑に化学肥料と堆肥を蒔き、まず、まんのうで幅約1メートル、深さ20~30センチ掘った中に堆肥をかき入れ、埋めては掘り、またかき入れて前に進んでいきます。

この繰り返しは重労働で、多くの田畑を耕すには長い時間がかかるため、中学生くらいになると帰宅が早い時や学校が休みの日には手伝わされます。3月ごろになると鍬で畝を作り、種を蒔いたり苗を植えたりして野菜の成長を待ちます。

## 20 にわとりの飼育

にわとりは放し飼いにすると家の周りを自由に一緒に行動します。主なねぐらは縁側《えんがわ》の床下で、卵は庭先の藁の上から玄関脇の箱の中に産んでくれます。日の出ごろになり、飼っている中の1羽が鳴くとそれにつられて「コケコッコー」と一斉に鳴きだします。にぎやかな鳴き声に家族が起こされるのも日常です。

その後、前庭に3坪ほどの鶏小屋を作りました。小屋の中央にはしごを掛け、上がりやすいように藁縄でグルグル巻きにし、高さ約2メートルのところに横長の止まり木を付けました。産卵場所は北側の角に簡単な箱を置き、藁を敷き詰めました。飼育していたのは白色レグホーンで、餌にはトウモロコシや豆の砕いたもの、米ぬか、残飯、白菜などを食べさせ、水飲み場は小さな器に瓶を斜め逆さに立て、いつでも飲めるように工夫しました。

昼間は小屋から庭先に放すとミミズや昆虫を食べて動き回りますが、夕方になるとねぐらに帰ります。十数羽のにわとりを飼うと糞は農作業の堆肥になるし、卵は家族で十分食べられます。

学校に納める教材費が必要な時、卵を20個ほど卵屋さんに売りに行くと数十円の金額で買い取ってくれました。

## 21 草履《ぞうり》・草鞋《わらじ》作り

長靴がなかったので雨の日や雪の日には草履を履きました。時に子どもは草履で登校し、大人は仕事をする時も履きました。

草履の作り方は、藁の根元部分を軽くたたき、すぐり、不要な藁しべ（屑）を除きます。なった縄を準備し、お尻をついて前に伸ばした両足の親指に1本ずつ回して折り返したら、計4本の縄を尻に敷いて押さえて親指の付け根部分から藁をよりながら4本の縦縄にすぐった藁を表と裏の交互に通し、手前に締めて前に向かって編み進めると草履の形になっていきます。

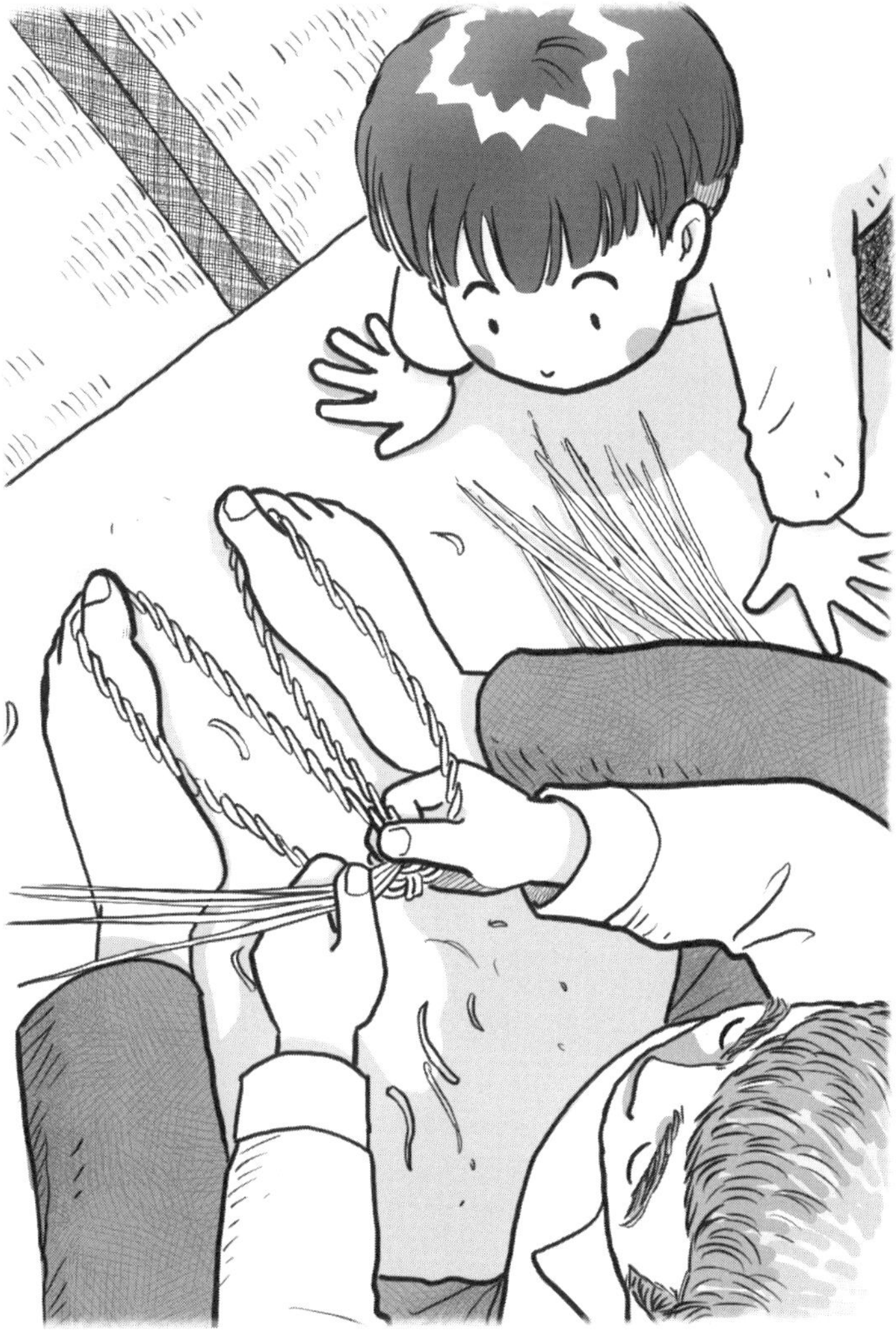

慣れてくると比較的簡単に作れます。衣類も貴重な時代、古くなった着物の布を一部縦に裂き、藁の間に入れて同じように4本をひも状にし、編み込むこともします。

出来上がった草履は大きさと形がさまざまで、上手にできたものは大変喜ばれます。夜なべにやる貴重な仕事でもあります。

## 22 冬の山仕事

炊事場で使う薪《たきぎ》が必要です。そこで冬になると、山仕事「やまし＝きはき」（炊事に使う山の木を切り、木の葉を掃き集める作業）の仕事があります。

山仕事は朝から夕方までの作業になるため弁当を持参します。山に着いたら一部下刈りをして邪魔な木を切り、休むのに適当な場所を確保します。Y

字形の木の枝を2本立てたのに太い棒を渡して鉄瓶をぶら下げ、昼時に木の葉や細い枝をくべて暖を取り、お茶を飲みながら弁当を食べるのはちょっとしたキャンプ気分の楽しいひと時です。

休む場所の準備ができたら仕事に取り掛かります。まずは「ぼや刈り＝下刈り」。鋸《のこ》や木鎌《きがま》を使って喬木《きょうぼく》以外をきれいに刈り取ります。切った枝は力のある長男が適当な大きさに縛り、丸めて作った束をリヤカーがいっぱいになるまで何度も担いで運びます。

子どもは下刈りした場所の木の葉を熊手《くまで》でかき集め、箕《み》に入れて直径80センチ、高さ1メートルくらいの籠に入れます。その上に人が乗ってぎゅうぎゅうに詰め込んだ籠を2個、リヤカーに積むと大人が引き、子どもが後を押して山中の道なき道を村道まで下ろし、それから2キロの道のりを自宅まで運びました。刈って丸めた束も同様に家まで運びます。

薪にする木も必要なので樵《きこり》を頼み、大きな木を長さ50～60センチに切断してもらいます。それを鉞《まさかり》で長男が割って薪にし、軒下に積んで保存します。大きく束ねた枝は薪にし、木の葉は田畑の堆肥としても使います。1年間使う薪を冬の間に確保するには何日も山に通います。休みの日の子どもは朝から手伝いです。

# 第2部 行事

# 1 正月の準備

正月が近づくと12月28日か30日は餅つきです。29日は二重苦、31日は一夜餅といい、餅はつきませんでした。

わが家は三升餅を6張《ろっぱり》、7張とつくため前日の朝から餅米を研いで水に浸しておきます。餅つき当日は浸しておいた餅米をセイロで蒸し、杵と臼を使います。

餅をつくには「つく」人と「手合わせ」をする人の呼吸がかみ合わなければなりません。つき役の人が杵を持ち上げた時、手合わせする役の人は瞬時に臼の中の餅を周りから中に両手で手繰り寄せる。このタイミングが合わないと杵で手を打ち付けてしまう危険な作業です。

そのため家では決まって長男が杵でつき、母が手合わせをしました。何十

回とついてできた餅は「杵つき餅」といい、滑らかな味です。

家族総出で1張目は餡ころ餅、神棚に上げる鏡餅（お供え餅）を作り、2張目からのし餅にします。めんば板（うどんを伸ばすのに使う板）の上で、粘らないように餅取り粉をまぶし、麺棒で厚さ1・5センチ程度に伸ばし、1枚ずつ「ござ」に広げて形を整えておきます。

餅つきは朝から夕方までかかり、餅は翌朝、適当な大きさに切って瓦餅にします。

※注連縄《しめなわ》は暮れに神様を迎えるための目印とされています。門戸・神棚・氏神様に飾り、長男が幣束《へいそく》で母屋と物置、街道を晦日《みそか》払い（人間を含め家中の厄を払うこと）をし、最後に辻にお札を立てます。これは不浄なものの侵入を防ぐ意味があります。門松の松は長寿の象徴であり、南天（難を転ずる）、万両、梅細工、赤い水引を松飾に添えて飾ります。親からは「1月1日の午前中は暮れのうち」と聞かされていましたが、新年を迎える準備はそれだけ大変だったのかもしれません。31日には年越しそば（晦日そば）を食べて1年間の災難や厄を落とし、除夜の鐘を聞きながら新しい年を迎えました。

# 2 お正月（1月1日）

1月1日は新年をお祝いし、長男がお供えを上げます。年神様（豊作や健康をもたらす神様）、門松、玄関、床の間、仏壇、お勝手、大神宮様、氏神様、三宝荒神（かまどの神）様に朝食前に鏡餅を、三が日の朝は小皿によそった雑煮をお供えします。

家族そろって丸い卓袱《ちゃぶ》台の周りに座ると親から新年の一言があり、それからおせち料理を頂きます。当時はおせち料理と言っても材料を手に入れるのが難しく、あるもので間に合わせたものです。食後に親から、楽しみに待ったお年玉を頂きます。初詣では近くの神社へ行き、新しい気持ちで良い年になりますように、望みがかないますようにとお祈りして、1年を占うおみくじを引いて帰ってきます。

※おせち料理＝数の子（子孫繁栄）、黒豆（無病息災）、かまぼこ（魔除け）、栗きんとん（金運）、雑煮、伊達巻き、なます、ごまめなど。

## 3 七草（1月7日）・鏡開き（1月11日）

1月7日は七草です。正月におせち料理を食べ、お酒を飲んで疲れた胃の回復、そして健康と長生きを祈って、七草（せり、なずな＝ぺんぺん草、ごぎょう＝母子草、はこべら、ほとけのざ、すずな＝かぶ、すずしろ＝大根）と正月にお供えしたものも加えて粥を作り、神様にお供えしてから頂きます。

この日は「男遊び」といい、隣組の役員の家に各家の総領が集まり、盃を交わして交流を深める習わしになっています。松の内の7日間は松飾りを立てておきます。

鏡開きは1月11日です。親からは「11日は蔵開き」と諺《ことわざ》のように聞かされていましたが、うちに蔵はないし何の意味か分からず、ただおいしいお汁粉が食べられると思っていました。調べてみると鏡開きは商売を始める日で、鏡とは酒樽の蓋のこと。米からできる日本酒は尊いため酒樽の蓋を開けることを神聖というようです。鏡開きには末広がりの意味もあり、正月の間に年神様にお供えした鏡餅を下げて小槌で割り、雑煮にして食べます。またこの餅を入れたお汁粉をお供えし、1年間の無病息災、商売繁盛、農家では豊作を祈ります。

※七草のせりは解熱、解毒、消化促進、あかぎれ予防、なずなは止血、視力回復、利尿作用、ごぎょうは風邪症状の緩和、はこべらは消化促進、心の安定、ほとけのざは歯痛抑制、肝臓回復、すずなは消化促進、しもやけ予防、すずしろは食欲増進、消化促進、咳止めなどの効果があるとされています。

## 4 小正月、団子正月（1月15日）

1月15日は小正月。団子正月、女正月とも呼ばれ、松の内（1月1～7

日）に忙しく働いた女性たちをねぎらう意味もあります。

小正月はいろいろな行事がありますが、14日に米粉を準備し、小豆を煮ておき、当日は朝から餅花《もちばな》（米粉を練って団子や繭型にし、桑や柳の枝に刺して花のようにする）を床柱に飾ります。

年神様の団子は子どもの握りこぶし大の6個（六根清浄＝目、耳、鼻、口、舌、心と考えられます）を串に刺した2本をお供えします。

また大切な収入源の養蚕で良い繭ができるようにとの願いを込め、根元から掘り起こした桑の木をきれいに洗ってから枝を内側に丸く折り曲げて上部をゆわえ、繭の格好に仕立てます。桑の木で作った花飾りも玄関に飾ります。

餅花は蚕室、氏神様、お勝手、床の間などにお供えし五穀豊穣《ごこくほうじょう》を祈ります。

また家内安全、無病息災を祈願した鏡餅を入れた小豆粥やお汁粉を作り、孕《はら》み箸《ばし》（庭床の木で花飾りを作る木）を使って食べますが、たとえ熱くても口でフーフー吹いてはいけないならわしです。

15日は嫁いだ娘が里帰りするので「嫁ごの正月」ともいいます。初墓参《はつぼさん》は「仏の口開け」といい、16日は新年になって初の墓参りをする日です。16日前後は奉公人が休暇をもらって親元に帰る藪入《やぶい》りでもあります。

## 5 節分（2月3日）・年とり

季節の変わり日、立春の前日、すなわち節分に邪気を払い、無病息災を祈る意味で豆まきをします。立春は1年の始まりとして、特に重んじられるようです。檜《ひのき》の升に煎った大豆（煎るのは悪魔の芽が出ないようにするため）を入れて年神様に供えてから、一般の家では長男が大きな声で豆をまきます。戸を開けて「福は内」と言いながら部屋の中にまき、戸を閉める。次に中か

ら戸を開け「鬼は外」と叫んで外にまいて戸を閉める。「鬼は外、福は内、鬼は外」とまき方は家庭によっても異なるようです。

夕食時になると、隣近所から豆まきの大きな声が聞こえてきます。全ての部屋にまき終わったら家の中にまいた豆を拾い、無病息災を願い力を頂くために年齢の数だけ食べます。夕食のおかずは鰯《いわし》で、頭は焼きながらおまじないに「耕作に付く虫、たむし、ほうぞうむし、しじゅうにいろの耕作の虫の口を焼き、農作物の害虫は焼けろ、焼けろ……」と言いながら唾《つば》をペッペッとするならわしもあります。焼いた頭は魔除けの意味で柊《ひいらぎ》に刺して玄関につるし、夕食後はお茶葉の代わりに大豆を入れて福茶を頂きます。

※最近は、幸運や金運をつかさどる縁起の良い方角に向かい、黙って願い事をしながら太巻きずしを食べる「恵方巻き」の風習が関東地方でも行われるようになりました。どこに向かって食べるかは毎年変わりますが、それは「歳徳神《としとくじん》」という神様がおられる方角です。

# 6 立春

一年の始まりとされる日で節分の翌日、二十四節気の一つで現在広まっている定気法では、節分の翌日が春の始まりです。一年を四つ（立春、立夏、立秋、立冬）の季節に分け、さらに6分割すると4×6＝24から、二十四節気になります。暦を見ると1月5日（小寒）に始まり、15日を加えて1月20日（大寒）、また15日を加えて2月4日（立春）……と続き、15の倍数を加えると最後の12月22日前後が冬至になります。

春から一年が始まるという考え方で立春は大切にされます。お寺で「立春大吉」と書いたお札を頂いたり、自分で書いたりして家の入り口に貼る風習がありますが、それは招運来福を願う意味があるとされて鬼もこのお札を見ると出ていくとのことです。勉強部屋など大切な部屋の入り口にも貼ります。

※立春から数えて88日目の5月1日＝お茶摘みの時期、立春から数えて210日目の9月1日＝台風の襲来時期

**針供養（2月8日）**　この日は一日針を使わず、女性は針の師匠の家に集まり、飲食を共にしながら古い針を供養して氏神様に納めることをします。そして皆さんで食事をしながら一日楽しく過ごします。

## 7 女あそび・団子作り（2月15日）

組合は六軒組合と十一軒組合があり、大きな行事の時は十一軒組合が集まります。茶箱2箱の中に茶碗、小皿、大皿、丼、膳、箸などを入れて組合の持ち回りで保存しているのを、祝儀や不祝儀などの行事があると当番がリヤ

カーに乗せ、行事が行われる家に持参します。

男遊びの1月7日には隣組の男性が集まりお酒を飲んで親交を深めますが、六軒組合ではまだ寒い2月15日に「女あそび」があり、当番の家に主婦が集まり、お茶を飲みながら砂糖菓子（団子、小豆、砂糖を絡め合わせたもの）作りをします。役員は1口5合で何口になるか団子の注文数を各戸に聞いて回り、必要経費を集金して材料の砂糖、小豆を準備します。

当番の家では前日の14日から両隣が手伝い、注文数の約1斗（15キロ）の米を朝から石臼（直径約40センチ、高さ約10センチの丸い石を上下二段に重ね、上の石に取り付けた木の棒で回しすり合わせて粉にする）を交代で挽《ひ》きます。

当日は、各家庭の主婦がかっぽう着姿で朝から集まって団子作りです。まず熱湯で米粉を練り団子にして蒸籠《せいろう》で蒸《ふ》かし、小豆を煮て、全て準備が整ったら例年通り、団子と小豆をたらいくらいの大きな入れ物に入れ、みんなで両手でかき混ぜて餡ころ餅を作ります。

お昼ごろに出来上がると、各家庭で用意した重箱に注文した数だけ分けていただき、楽しみに待っている親戚や子どもたちに配ります。午後は餡ころ餅で食事をしてお茶を飲み、片付けが終わる夕方に解散になります。

## 8 ひな祭り（4月3日）

「灯りをつけましょぼんぼりに、お花をあげましょ桃の花、五人囃子の笛太鼓、今日は楽しいひな祭り……」

1カ月遅れの4月3日（旧暦3月3日）は桃の節句。最初の巳の日からきており、女の子が生まれて初めての節句を初節句といいます。

子どもに災いがかからず、人生の幸福が得られるようにという気持ちを込めて、ひな人形を飾ります。飾るのは節分の翌日ごろから1カ月間くらいが目安。桃の花、ひなあられや菱餅、ちらし寿司、白酒を神様に供えてから頂きます。ハマグリの料理は穢《けが》れを移し災厄の身代わりになってもらう意味があり、桃には魔除けの効果があると言われます。

ひな壇飾りは一般的に母親の実家から届くならわしがあるようで、中には豪華な7段飾りを飾る家もあります。

## 9　醤油《しょうゆ》作り

お醤油は買うよりも自宅で作るのが一般的で、農家を回る業者は朝から翌日の夕方まで仕事をしていきます。

大豆は2、3日前に洗って漬け置きしてから煮ておきます。業者が来て庭先に大きな竈《かまど》を作り、リヤカーに積んできた醤油を搾る機械を設置し、付属の道具を準備します。前の年に作った人樽《ひとだる》（4斗樽）に入った諸味《もろみ》を物置から庭に運びだし、よくかき混ぜてから柄杓《ひしゃく》で麻の袋に入れ、手回しの醤油搾り機にかけてせんべいのようになるまで搾り取ります。これを煮てできた醤油は1年間使います。

翌日、煮た大豆と小麦に麹《こうじ》を混ぜ、麹と塩水を合わせた諸味を大きな人樽2個に作り、物置の邪魔にならない場所に設置して2日間の仕事は終わります。作った諸味はそれから1年間、麹菌《こうじきん》を発酵させるため、当初は毎日「かき回し棒」でかき回します。1年かけて熟成させた諸味は翌年、搾る機械にかけられて醤油になります。

## 10 天神講《てんじんこう》（2月25日）

2月25日は菅原道真の命日にちなみ、学業成就、合格祈願、子どもの健やかな成長などを願う天神講です。

その近辺の土曜日に数人から10人程度が集まります。宿泊する部屋を提供してくれる家があれば、お米や食べ物を持参します。書き初め用具や用紙も持っていき、学校の習字で習った文字や「天神様」「天満天神宮」「奉納天満天神宮」などと書きます。

練習の後は鬼ごっこやトランプ遊び、かくれんぼなどをして楽しく過ごし、夜になると度胸試《どきょうだめ》しをすることもあります。じゃんけんで順番を決めて近くのお墓に1人、または2人で行ってくる。みんなが心配しながら、心を躍らせ、おっかなびっくり。途中の木陰に隠れていた上級生が飛び出して驚かすこともあります。

翌日の早朝、時間を決めて集まります。天神様に直接奉納するか、あるいは天神様の近くの木から隣の木まで縄を張って習字が上手になりますようにとお祈りしながら紐につり下げたり、篠の棒で旗を作って奉納したりする。

いつになっても忘れられない楽しい思い出です。

## 11 彼岸（3月・9月）

冬の寒さも和らぎ、野山の草も色づき始めるころになると3月の彼岸です。彼岸は中日《なかび》と前後3日間を含めた7日間で、最初の日を「彼岸の入り」、最後の日を「彼岸明け」といいます。仏教では「あの世」（死後対岸の世界）ですが、私たちが生きているこの世は「此岸《しがん》」です。

春分の日と秋分の日は此岸のある真東から太陽が昇り、真西に沈みます。この日は、あの世と、この世が最も近づき、通じやすくなる日と考えられ、西方浄土《さいほうじょうど》にいるご先祖の供養をします。お彼岸は日本独特の風習で、春の彼岸は「自然を称《たた》え、生物を慈《いつく》しむ」、秋は「先祖を敬《うやま》い亡くなった人を偲ぶ」と言われています。

お墓参りには線香や花、故人が生前好きだった物を持参します。3月の彼岸はぼた餅（牡丹の時期）、9月はおはぎ（萩の時期）を感謝の心と供養の意を持って供えます。

## 12 初午《はつうま》（3月最初の丑の日）

初午と言えば松山の初午祭り。宮前村（現滑川町）に住んでいても村内の行事のように楽しみにしていました。

娯楽の少ない地元では団子を作って桑の木の枝に挿し、神棚に赤飯、魚、油揚げを供えます。東松山市の箭弓稲荷神社の祭りは3月最初の午の日にあり、五穀豊穣を祈って御神楽などが奉納されます。

稲荷神社は「神の使いとして狐が祀られた」ため、いなり寿司は狐の好きな油揚げにご飯を入れて作ったといいます。お供えはいなり寿司、御神酒《おみき》、初午団子など。祭りの当日、宮前村からは徒歩や自転車で行きます。植木市が開かれるため植木を買うのを楽しみにしている人も多いようです。

箭弓神社の広い境内は花木が多く、つつじや牡丹、しゃくやくが有名で花の時期はたくさんの人でにぎわいます。境内では展示会などの催し物や結婚式が行われたり、サーカス団が来て2週間くらい公演することもあります。

## 13 お釈迦様（4月8日）

4月8日はお釈迦様の誕生日で、近くのお寺さんにお参りに行くと「はなくそ団子（厄除けの意味があるそうです）」を頂けることもあります。

近隣では坂戸のお釈迦様が有名で、この日に行われる仏教行事「花まつり」に行くことがあります。松山駅から電車に乗り坂戸駅で下車。そこから歩くため、自宅からは1時間余りかかります。

着くとまず平和の願いを込め、お釈迦様に甘茶をかけてお祈りします。植木市も有名で道の両側に植木屋さんがたくさん並び、大小さまざまな植木が販売されます。植木を見たり、買い物を楽しんだりするたくさんの人たちでにぎわいます。

## 14 春、秋の大掃除（4・10月ごろの青天の日）

わが家は床下が土間になっているため畳が湿気ってしまいがち。そこで1年に春と秋の2度、大掃除をします。

家具は全て屋外へ。畳は8畳間と6畳間の計14枚を子ども2人で1枚ずつ運び出し、庭に敷いたむしろの上に2枚1組で背中合わせに立てて干し、昼ごろ裏返しします。

畳を上げると下には半年分のごみ。2月の年取りの豆や十円札、銀貨が出てくることもあります。子どもは豆を拾って食べながら一休み。

着る物は夏物と冬物の入れ替えをします。床に敷いた新聞紙を片付け、みんなでぞうきんで汚れをふき取ります。長男は屋敷の中にある牛小屋の「まわせ棒」を外し、牛を前の畑につなぎ留めたら、藁や糞などを取り出し藁を新しく敷き替えて午前の仕事は終わりです。

夕方になったら干してあった畳を竹の棒でたたき、ぞうきんでからぶきします。床に替えの古新聞を敷き、家財道具を運び込んで元の位置に戻します。牛も牛小屋に戻したら全て終了。きょうは骨折り仕事をしたので晩は白米のご飯に秋刀魚のおかずです。

## 15 こどもの日（5月5日）

5月5日は子どもの健やかな成長と無病息災を願って作られた祝日です。初めての節句「初節句」は特に、鎧《よろい》、兜《かぶと》、弓矢、太刀、武者人形などを購入したり、親戚から頂いたりして飾りますが、鯉のぼりは母親の実家から届くことが多いようです。5月の青空に五色の吹き流しと鯉がたなびく姿は見事なものです。

「やねよりたかいこいのぼり、おおきいまごいはおとうさん、ちいさいひごいはこどもたち……」。鯉は池や沼でも生息することができ、非常に生命力のある強い魚です。鯉のぼりには、子どもが逞《たくま》しく健やかに育ってほしいという願いが込められています。

鯉のぼりは一般的に、春分の日の後の天気の良い大安の日に飾り、こどもの日が過ぎた後の5月中の大安の日に下ろすようです。親戚や親しい人を招き鯉、栗、ちまき、柏餅などごちそうを作ってお祝いします。

悪鬼を払い体に悪い気が付くのを防ぐとされる菖蒲を家の屋根や軒先に挿したり、菖蒲湯や菖蒲酒にしたりもします。

# 16 七夕（8月7日）

1カ月遅れの8月7日に七夕をしますが、朝は七夕饅頭《まんじゅう》、昼はうどん、夜はご飯が一般的です。

天気の良い日は天の川が見えることもあります。牽牛と織姫は働かず遊びほうけていたため天帝によって天の川の対岸に引き離され、1年に1度しか逢えなくなってしまいました。「この2人と同様に願いが叶いますように」と短冊を竹や笹につるすのには、秋の豊作を祈る意味もあります。子どもたちは筆やペンを準備し、五色（緑、赤、黄、白、黒）の短冊に「健康に過ごせますように」「勉強ができますように」「お金がたまりますように」などたくさんの願い事を書き、吹き流しを付けた竹に飾ります。

七夕が終わると竹は飾りと一緒に川に流す風習がありますが、それは竹や笹が汚れを持っていくといういわれから来ています。

## 17 お盆《ぼん》・盆櫓《ぼんやぐら》（8月23〜25日）

お盆は全国的に7月の行事ですが、8月中旬まで蚕の仕事があるこの近辺では8月23〜25日に行います。

蚕の夏蚕が終わったら前日の22日に盆棚（木の枠で高さ90センチほどの棚を作り、中に位牌、周りに天照皇大神・釈迦尊の掛け軸をつるす）、両脇に笹のある竹、お花を立て、棚にはスイカ、ナス、カボチャなど新鮮な野菜や果物を供え、線香を上げます。

23日の昼食後、家族でご先祖様をお墓に迎えに行き、帰りは廊下から上がり、お墓で提灯《ちょうちん》に入れてきた火を盆棚に灯します。

朝夕の食事にごちそうを供え、今年亡くなった人の新盆《あらぼん》には近所の人や親戚がたくさん来て思い出話をします。

諏訪神社の境内ではお盆の1カ月以上前から、部落の青年団員、婦人会などが櫓作りや花作りに取り掛かり、踊りの練習を始めます。比企郡一とも言われる高さ10メートル超の見事な櫓が立ち、2階から笛や太鼓が流れ、周りは色とりどりの造花で飾られ美しく輝きます。

23日は朝から秩父音頭などにぎやかな音楽が流れます。入り口付近には焼きそば、綿あめ、焼きイカ、金魚すくい、ヨーヨーなどの屋台が並び、親子そろって買い物をしたり食事をしたりします。

日が沈むころには櫓の周りに人が集まり、音楽に合わせて浴衣姿の踊りの輪が広がります。万灯（40センチ角の箱に紙を貼って火を灯したものを竿の先につるし、周りに多くの造花が付けてある）の数も徐々に増え、さらににぎやかになります。
25日には家庭の昼食に仏様におはぎや煮物などを供え、食事が済んだらご先祖様をお墓にお送りします。この日は最後の櫓でいっそう楽しみます。続く26日は諏訪神社のお祭りです。

## 18 諏訪神社の祭り・獅子舞（8月26日）

8月26日は諏訪神社のお祭りです。朝早くから笛太鼓などを練習する音が聞こえてきます。また笛、尺八を吹く係の長男は夕食後、涼みながら練習をしたものです。

祭り当日、境内では午前中に五穀豊穣、雨乞い、豊作を祈願する獅子舞があり、そこでは各家庭の長男が役目を果たします。お盆様が7月に行われる

ころは特に雨乞いの信仰があつく、「盆が終われば諏訪の祭りに雨が降る」の言い伝えもあります。

自宅から500メートルほど離れた獅子元の小林家を出発し、神社までボラを先頭にお獅子は太鼓をたたき、おかざき（竹串をすり合わせ音を出すささら）を奏で、後ろに見物客が続きます。

神社で待つ人たちは太鼓や笛、おかざきの音が聞こえてくると拍手をして迎え、大変にぎやかです。

舞は雄獅子2人、雌獅子1人で笛太鼓に合わせ、雄獅子が雌獅子を取り合う戦いの踊りです。そこに道化が采配し、さらに舞を引き立てます。四隅でささらの音が響き、ぴーひゃらろひゃ、とひひゃろとーひゃろ、とーひゃろひゃ……と、その曲は繰り返されます。

## 19 素人演芸会

諏訪神社のお祭りに欠かせないのが夜の演芸会です。舞台の材料は神社隣の物置の軒下の台の上に準備してあり、郷中の役員、青年団員、婦人会が中心となり2、3日かけて神社の隣に作ります。

舞台のそでには串に付けた花が幾重にも飾られ、華やかです。舞台前の観客席には各家庭で持ち寄ったムシロやゴザが敷かれます。芝居前には隣近所の人たちが車座になり、赤飯やあぶらげ寿司、屋台で買った綿あめなどのごちそうを食べます。

日が陰るころになると秩父音頭がいっそう大きく響き、舞台の始まり。舞踊や芝居、寸劇……出演者は知り合いばかりなので大きな声援を送り、拍手喝采です。

踊り上手な弥平さんは舞台が始まる前から噂の的。「三叉時雨」の曲に合わせて番傘を手に踊る姿が人気です。

舞台は23日のお盆の入りに始まり、26日の午後9時で終了。楽しい4日間があっという間に終わると、秋の蚕（晩秋）の準備が始まります。

## 20 十五夜（中秋の名月）

1年で最も空が澄み渡る9月中旬から10月初めの十五夜（旧暦の8月）に美しく明るい月を眺める最高の機会。テーブルを用意し、花瓶にはススキと花。月見団子やまんじゅう、芋などの農作物をお供えし、団子を食べながらのお月見は風情があります。秋の七草でもあるススキには悪霊や災いから収穫物を守り、翌年の豊作を願う意味が込められているといいます。

お月見泥棒は、近所の子どもたちがお月見のお供え物を盗む風習のこと。「お月様が月見団子を食べてくれた」と考えられ、十五夜様に限って子どもの盗み食いは咎《とが》められないのです。

わが家の近くに持ち主不明のおいしい甘柿の木がありました。夕方、上級生がそっと下級生を集め、木に登って取ってくれた柿をおいしく頂きました。小学生だった私は友達と謀り、棒の先にくぎを付け、供え物のまんじゅうを刺して取ろうとしましたが、取ることはできませんでした。

## 21 えびす講（10月20日）

恵比寿神社は全国に点在し、埼玉県内では東松山市と飯能市にあります。えびす講は日本中の神様が出雲に行ってしまい、代わりに恵比寿様に守ってもらうということ。10月の神無月《かんなづき》、この近辺では10月20日に行われますが、11月20日に行うこともあります。恵比寿様は商業の神、家内安全や商売繁盛を願い、露店では熊手が売られます。熊手は物を掃き集めることから「福や金運を掃き集める」という縁起物です。自宅では、うどんを打つ台（めんば板）の上に恵比寿様と大黒《だいこく》様を並べて飾り、升に山盛りにした硬貨、お茶碗に山盛りのご飯を供えます。そして朝は雑煮、昼はうどん、夜はご飯のおかずにけんちん汁、昆布巻き、秋刀魚、鰯と尾頭《おかしら》付きの食事とお酒も供えます。

　恵比寿様は七福神（恵比寿、大黒天、毘沙門天《びしゃもんてん》、弁財天《べんざいてん》、布袋《ほてい》、福禄寿《ふくろくじゅ》、寿老人《じゅろうじん》）の1人で、埼玉県北部に七福神社があります。

## 22 とおかんやで藁鉄砲《わらでっぽう》（11月14日）

現在の暦で11月14日（旧暦の10月10日）、稲刈りが終わり「田の神が山に帰ると言われる満月」に収穫祝いの行事として、作物を食い荒らすモグラや野ネズミを追い払い、五穀豊穣を祈るのが、とおかんやです。

稲藁の中心に芋がらを入れて太さ5センチくらいに縄でぐるぐる巻きにして藁鉄砲を作ります。先の部分は持ちやすいように丸い輪にします。

子どもたちは「とおかんや、とおかんや、とおかんやの藁鉄砲、飯を食って、ぶったたけ、とおかんや、とおかんや、とおかんやの藁鉄砲、忍の鉄砲で負けんた」（文句はさまざま）などと大きな声で繰り返しながら藁鉄砲で庭をたたき、道をたたき、畑の土をたたいて歩きます。

時には隣の家の庭までたたいていくと、ご主人が「ご苦労さま、ありがと

う」と言いながら大福を包んでくれたりします。最後は柿の実がたくさんなるように藁鉄砲を柿の木につるし、みんなで大福やおはぎを食べます。

## 23 火の用心

江戸時代には火災で多くの家が焼失するということがあり、拍子木《ひょうしぎ》を打ち鳴らして見回りをした記録が残っています。部落ではほとんどの家が藁ぶきであり、炊事に使う燃料が麦藁や木の枝なので、常に火災の危険があります。昭和20年ごろだと思いますが、部落の会議で夜回りをすることが決まりました。順番に2人1組で夕食後に拍子木を打ち鳴らしながら「火の用心、火の用心」と繰り返し声を上げて歩きます。

各家庭の玄関近くに行くと家の中から住人が顔を出し、「ご苦労さま」と

火の用心

あいさつされることもありました。続いて裏道を歩きますが、どこの家庭でも拍子木の音と「火の用心」の声を聞き、竈《かまど》の火を再確認します。しかしその後しばらくすると拍子木の音と「火の用心」の声は聞こえなくなりました。

昔からこんな言葉があります。

「火の用心、マッチ1本火事の元」

「戸締まり用心、火の用心」

「秋刀魚焼いても家焼くな」

## 24 お酉様《とりさま》（12月の酉の日）

松山神社の境内で開かれる「酉の市」で「お酉様」があります。

12月は一の酉、二の酉の日があり、年によっては三の酉もあります。12月の第一の酉の日、北風がひゅうひゅう吹く寒い日、小学生だった私は兄の自転車の後ろに乗せられていったことがあります。

境内に軒を連ねた露店を見て回り、その中から熊手を一つ買い、また自転車の荷台に乗って帰ってきました。縁起物の熊手を購入する時はあまり値切ることはしないのだそうです。値切ると運も切ってしまうといい、値切った時はその金額の一部をチップとして差し上げるとも聞きます。

新年の幸福や商売繁盛を願います。露店では、芋（八つ頭＝子宝に恵まれる）、黄金芋（お金がたまる）、餅菓子の切山椒（厄除け）も縁起物として売られています。

## 25 結婚式

仲人さんの話の具合で結婚式の準備が進められます。

結婚式の準備は結納から始まり、まずお婿さんは結納金を相手の女性に渡します。頂いたお金は家財道具の購入に充てますが、新婚生活で不便しないように、たんす、婚礼布団、鏡台の3点セットを買い、それに着物を加え、結婚式の何日か前にお店からお嫁さんの家に届けられます。

廊下に一式を並べると結婚することが近所に知られ、主婦を中心に隣近所の人が見に来る習わしです。

お嫁さんは日本髪を結うために結婚式まで髪を伸ばし、当日は朝から美容師さんに結ってもらいます。きれいに支度が済むと仲人さんに連れられて神社にお参りしますが、嫁入り姿を一目見ようと集まってくる隣近所の方々にお披露目をします。

結婚式は仲人のあいさつの後、三々九度の盃から隣近所や親戚、関係者で飲み会が始まると「飲めや歌えや」で大にぎわいの宴になります。お勝手は両隣の奥さんが前日から手伝いに来て料理を作ったり、お酒や肴を運んだりします。

結婚して女の子が生まれると、桐のたんすを作るために桐の苗木を植える習慣があります。

## 26 葬式

人が亡くなると、一般的に葬式は自宅で行います。親戚や隣近所が手伝い祭壇が設置されると、隣組で管理するお膳や茶碗が運ばれ、必要枚数の座布団が敷かれます。

式ではお坊さんが拝み、関係の濃い身内の方から親戚、一般参列者の順にお焼香を行い、祭壇に飾った花をお棺に入れます。六道銭（三途の川を渡る時に渡す）を入れることもあります。亡くなった人の顔が見えるようにお棺に蓋をし、身内の人が交代で金づちを使い釘を打ちます。

終わると参列者全員が前庭に出て、身内の男子がお棺を庭の真ん中に据え置きます。その周りをお坊さんが拝みながら回り、遺影や位牌、塔婆を持った身内の者が後をついて回り、故人との別れを惜しみます。別の部落では身内の男性4人がお棺を担ぎ、庭の周りを回るそうです。参列者に長寿銭を配ることもあります。式が終わるとお棺を担いでお墓へ行き、お坊さんが読経をする中で埋葬します。

全て終わると家に戻り、故人を偲んで献杯します。

お墓を掘る仕事は重労働で同隣組合ではなく、その隣の組合の方々の仕事と決められています。お骨折りいただいた方々は上座に座り、特に慰労されます。故人を送り、お清めが終わると、線香を上げてこられた方からお引き取りになります。

平均寿命は50～60歳で、古希（70歳）まで生きられる方は少ない時代です。

## 27 上棟式

家を建てる時は知り合いの大工さんに相談します。予算から建物の大きさ、間取り、その他細かいことが決まると建築が始まりますが、土を入れて新築する場合は土が固まるまで半年間は放置しておきます。

地鎮祭を行うため土地の中央に竹で囲いを作り、注連縄を張って紙垂《かみしで》を付け、神主さんに工事の無事を拝んでいただきます。土地の四隅《よすみ》には御神酒を一升瓶で少々まきます。

建築は棟梁を中心に進められ、設計図通り基礎を作り、その上に土台を作ります。

大工さんの自宅、または棟梁の自宅で作る構造材が出来上がると組み立てです。大工さんや親戚に手伝いをお願いし、2日間ほどかけて組み立てます。骨組みができたら大安吉日に合わせて棟上げ式です。祝いの柱の幣串《へいぐし》を供え、親戚や隣近所の方々に来ていただきます。高い棟に平らな板を敷き、御神酒を上げ紅白の餅や赤飯を供えて神主さんに祝詞《のりと》を上げていただきます。

式が終わると建築主が紅白の餅を棟の上から投げます。下では建前を知って集まってきた親戚や隣近所の人たちが素手や帽子を使って受け、女性は前掛けを広げて受け取ります。

棟上げ式が終われば建物の中にむしろを敷き、参加者でお祝いの酒を頂きます。幣串は棟に縛り付けるか、棟梁が記念に持ち帰ります。

## 28 冬至

冬を乗り切るには最も寒くなる冬至に栄養をつける必要があります。冬至には冷酒を飲み、柚子湯に入る習慣がありますが、運が付くようにと「ん（運）」の付く食べ物も勧められます。かぼちゃ（なんきん）、けんちん汁、うどん、蓮根、人参、銀杏、

**冬至前後の日の出・日の入り時刻と日照時間**

| 月　日 | | 日の出 | 日の入り | 日照時間 |
|---|---|---|---|---|
| | 12月１日 | 6：32 | 16：28 | 9時間56分 |
| | 12月11日 | 6：41 | 16：28 | 9時間47分 |
| 冬 至 | 12月21日 | 7：02 | 16：25 | 9時間23分 |
| | 1月1日 | 6：51 | 16：38 | 9時間47分 |

出典：高島易断総本部歴書館編纂『令和四年運勢暦』「東京の日の出日の入り時刻」

蒟蒻《こんにゃく》などです。

前ページの表は、近年の東京の日の出・日の入り時刻を暦から調べたものです。「冬至十日」「冬至十日前」という言葉がありますが、表のようになります。

※冬至まで12月1日〜21日の3週間、日の入り時刻はほとんど変わりませんが、21日の冬至を過ぎると日照時間の延びが早くなります。

## 29 お産

妊娠5カ月になると、帯祝《おびいわい》といって犬のお産にあやかり、妊婦は腹帯を巻きます。昔は産婆さんが少なく、部落に「取り上げ婆さん」という人がいて、お産に必要な処置をしてくれました。お産は実家に帰ってするのが普通で、妊婦は臨月が近づくと1週間ほど実家に帰りました。

子どもが生まれて7日目はお宮参りの日になります。1歳の誕生日には紅白の誕生餅を作り、歩ける子には一升餅を背負わせ、多少でも歩けると家族で喜び合います。当日はお祝いに赤飯を炊きます。

## 30 森林公園駅開業（1971年3月1日）

東武東上線森林公園駅の開業をお祝いし、花火大会が行われました。まだ薄ら寒い3月の夕方、日が沈むと多くの町民が駅前に集まり、見事な花火を観賞しました。直径何十メートル（?）の大輪の花を真下から見ることができ、時に小さな火の粉が降る中、歓声を上げたものです。初めて間近に見た打ち上げ花火の迫力を実感しました。

## 31 国営武蔵丘陵森林公園開園（1974年7月22日）

森林公園駅が1971年3月に開業し、それから3年後の7月に国営武蔵丘陵森林公園が開園しました。場所は滑川町山田の「わかめの形をした丘」の南北に細長い地形の上。娯楽の少ない滑川町に完成した国営公園は将来を期待させせました。

開園直後はトイレも少なく不便をした話も聞きますが、徐々に歩道や自転車道路、子どもの遊び場、プールなどが整備され、年ごとに園内は変わっていったようです。

# 第3部 漁

## 1 夜《よ》ぼり

諏訪神社の裏辺りから橋場・下山田の方向に向かう川の流れは両岸が篠や雑木で覆われ、川幅は狭い所で10メートル、広い所では50メートルくらいあります。日の長い夏の夕方も午後7時を過ぎて暗闇になってからの1、2時間、魚を見つけて歩くのも楽しいひと時です。

夜ぼりは松明《たいまつ》を灯《とも》し、裸足か、あるいはけがをしないように足袋を履いて川の中を歩いていきます。川の中は所々深みがあって危険で、時には足を取られ腰まで水に浸かってしまうこともあります。

ヤスと網を持ち、松明を消さないように進みます。うまくいくと浅瀬に鮒、鯉、なまずなどがいるのを見つけることができます。魚は浅瀬に出て眠っているのか、でも逃げるのが速いので水音を立てないよう静かに近づくと狙い

を定めてヤスで突くか、ゴム鉄砲で打って捕まえます。

うまく獲物が捕れた時は家に持ち帰り、煮たり焼いたりして食べるのも格別な楽しみです。

## 2 沼干し

宮前村にはたくさんの沼があり、8月ごろ、田んぼの灌漑《かんがい》用水が一段落すると水を抜くことがあります。その時は沼下（沼の水を利用している耕作者）にふれつぎを回し、沼下の人たちは魚を目当てに集まります。

沼の水がはけて水位が下がると鯉や鮒などが腹を出して右往左往を始め、中には鰻が見つかることもあります。責任者の合図で網やバケツを持って裸足で一斉に沼に入ると、魚は捕り放題。泥まみれになりながら夢中で手で捕まえたり、ブチヤス（棒の先に横棒を付け、それにのこぎりの歯のようなものを数個取り付けた道具）を使ったり、四つ手網を振り回したり。捕らえた魚は家に持ち帰り、夕食のお膳には鯉の洗いや鯉こく、焼き魚などが並びます。

## 3 うけ

食料も不足しがちな時、川で捕れる魚は良いたんぱく源です。いろいろな方法で川魚《かわざかな》を捕って食べますが、中でもなまずうけ、ガラスうけを使った漁は簡単にできるため多くの人が楽しめます。

なまずうけは孟宗竹で編んだ直径15センチ、長さ50センチくらいの筒状の漁具です。開口部には内部に向かって竹串が作られており、川の中に沈めてなまずが入ると出られない構造になっています。時には大きな魚が掛かることもありますが、網目を細かくして小さく作ったうけには、どじょうやはやが入ります。

ガラスうけは、煎った米糠をスプーン1杯ほど入れて早朝に川の深みに空気を抜いて沈め、半日ほどすると中に魚が動けなくなるほどたくさん入ります。主に鮒、はやですが、ミヤコタナゴも入っています。煮たり天ぷらにしたりして食べますが、残りは焼いて干物にして保存します。

## 4 ながずな

夏の夕暮れに魚を捕るのは楽しい遊びです。捕れた魚はおかずとして家族にも喜ばれます。「ながずな」は滑川の川幅の広い場所を選んで仕掛けます。長さ10メートル余りの紐に40~50センチの間隔で長さ30センチくらいの糸を付け、その先の針に餌のどじょうやみみずを付けます。紐の先にはテニスボール大の石が縛り付けてあり、川の中心部に投げ入れて沈めます。

日によって2本か3本のながずなを仕掛けておき、翌日の日の出前に引き上げに行きます。うまくいけば鯉やなまずが掛かり、まれにうなぎも掛かります。たくさん捕れた時の喜びはひとしおです。

「おきばり」は2メートルくらいの篠の棒の先に30センチくらいの針付きの糸が付いており、どじょうやみみずを餌にします。餌を水面に浮かせるくらいに棒を岸に差し、一晩置きます。翌朝の日の出前に上げると10本置いて1、2匹の魚が捕れます。

## 5 かいどり

滑川は両岸が篠や木々に覆われ、大きく蛇行して所々の深い場所に鯉やなまず、雷魚がすんでいます。稲作に使うため2月から3月は流れをせき止めて水をため、5月に苗代を作って6月に田植え。稲が成長し、9月ごろに出穂水（でほみず＝稲の穂が出る時に必要になる水）が終わると川の栓を抜き、ためてある水を放流します。すると何日かして川の所々に魚のいそうな水たまりができるので、そこで「かいどり」をします。

かいどりは前日、代表者が仲間に連絡した上で当日の早朝に4、5人の大人が相談して場所を決めて始めます。川の上流部分をスコップで土盛りして流れを止め、たまり水の下にも土手を築きます。せき止めた上部の土手が水の流れで崩れないうちに終わらせなければなりません。まずせき止めた中の水を、家から持参したバーチカー（排水する機械）で下流に排出し、浅くなったら裸足の仲間がバケツを使い交代で水をかい出します。水が引けて逃げようと右往左往する鯉や鮒、なまずを網ですくったり、両手で捕まえたりして、大きな盥《たらい》に入れます。

50センチもある鯉やなまずが捕れることもあり、そんな時はみんな大喜び。終わったら、持参したスコップで土手を元に戻し、分け前を持ち帰るのです。

# 第4部　出来事

## 1 ラジオからテレビへ

昭和30（1955）年ごろ、家庭のラジオは並四球ラジオでした。古くなると時々聞こえなくなり、4本の指で箱の上を2回ほどたたくと復活するのでした。イヤホンを耳に挿して聞く鉱石ラジオも多くの人が楽しんでいました。その後、五球スーパーラジオが普及し、比較的良い音で聞けるようになりました。

昭和28（1953）年、テレビの本放送が始まります。しかし一般家庭にテレビが普及するのはしばらくたってからで、五球スーパーのラジオを聞くことが続きました。

昭和35（1960）年ごろ、一部の家庭に14インチの白黒テレビが入り始めますが、まだ裕福な家しか見ることができませんでした。チャンネルは画面右下にあるダイヤルを手でカチャカチャと回す方式。音量もつまみを回して調節しました。

昭和37（1962）年のある日、私はプロレスラーの力道山（1924〜1963年）の試合がテレビで放送されると聞き、自宅から自転車で約5キロのジャリ道を走って東松山駅構内の街頭テレビを見に行きました。テレビの前はプロレスの生放送を見ようと駆け付けた人たちで身動きできないほどの混雑ぶりでしたが、楽しく観賞したのを覚えています。

昭和39（1964）年10月の東京オリンピック開催が決まると、テレビは昭和37年ごろから2年ほどで急速に普及し、各家庭で白黒テレビを見られるようになりました。

昭和35年にはカラーの本放送が始まりましたが、一部の家庭でカラーテレビが見られるようになるのはそれから10年ほど後。昭和45（1970）年の一般家庭へのカラーテレビ普及率は3割程度でした。

白黒テレビに飽き足らずカラーテレビが見たいと思っていると、画面に付けるカラーフィルムが売り出されました。わが家でも購入し、カラーの気分を楽しみました。

## 2 しらみ騒動（昭和20年代）

いつも着ている洋服は、井戸の手押しポンプでくみ上げるか、竹竿の先につるしたバケツで井戸からくんだ水を盥《たらい》に入れ、固形せっけんを付けて洗濯板でゴシゴシ押し洗いをします。洗濯は大変な仕事で、しばらく服を着替えないとシラミやノミがわきます。さされるとかゆくなるのでボリボリ掻くと、赤く腫れたり、真っ赤な痕が付いたりします。

ノミは捕まえようとしても飛び跳ねて逃げますが、髪の毛をくしでとかすとケジラミが付くことがあります。体がかゆい時に服を脱ぎ、縫い目にシラミがはっているのを見つけたら左右の爪でつぶします。ノミもシラミも伝染病を媒介するといわれます。

ある日、学校に殺虫の薬剤が届きました。薬名はＤＤＴとＢＨＣ。どちらも効果は抜群です。子どもたちに散布することが告げられた翌日、児童全員は中庭に椅子を持って集合。一列に並んで担任の先生の前に座らされると、前かがみになった頭から背中にかけて直径5センチ、長さ50センチほどの筒状の散布器で薬剤を服の中に一吹き、髪の毛にも吹き入れられました。

自宅での洗髪や洗濯、清潔な服装が勧められ、薬剤のおかげもありノミやシラミは徐々に姿を消しました。

## 3 蠅《はえ》退治（昭和20年代）

冬が過ぎて温かくなると、蠅が増えてきます。蠅の幼虫である蛆《うじ》を殺す薬剤がなかったため、トイレや堆肥置き場、動物の飼育場を中心に多く発生しました。

どこの家にもガラスの蠅取り器がありました。底部が直径25センチくらいの半球の形をしたガラスの器で、内側に米の研ぎ汁を入れます。底部には蠅が入れる高さ2センチほどの隙間があり、その中心部に置いた残飯に集まってきた蠅は舞い上がってガラスの天井にぶつかり、米の研ぎ汁に落ちる仕組みです。ガラスの器の中の蠅の浮いた水は毎日交換するほどです。

天井からつるした蠅取り紙は4、5日で真っ黒になるほど蠅が付きますが、捕っても捕っても蠅は減りません。棕櫚《しゅろ》の葉で作った蠅たたきも手放せません。

蝿はにおいが強かったり腐りかけの食べ物のほかに人の汗のにおいを好むため、汗をかいた背中に無数の蝿がたかったまま歩く人を見たことがありま す。夜は蝿と蚊に悩まされないように蚊帳《かや》をつって休みました。

確か昭和28（1953）年前後だったと思いますが薬剤が普及し、蝿は徐々に減少していきました。

## 4 雷《かみなり》

8月は雷が増えます。私の親は北西の空に入道雲が出ると雷が来るとよく言っていました。ゴロゴロと鳴り出し、大きな雷鳴がするのと同時に土砂降りになります。野良仕事をしている人は慌てて家に帰り、雷雨が通り過ぎるのを待ちます。外で鎌を持って仕事をしていた人が雷に打たれて亡くなったという噂を聞いたこともありました。

家の大黒柱から離れた場所につった蚊帳の中で雷雨がやむのを待ちます。稲妻と同時に竹を割るようなバリバリという音がしたかと思うと大きなゴロゴロという音。蚊帳の中の子どもたちは恐ろしくて両手で耳をふさぎます。

雨を伴わない「からなり」も危険と言われます。近くの諏訪神社の大木に落雷し、その木の枝が欠け落ち、幹が裂けているのを見て雷のすごさを実感したものです。

雷三日といい、雷は一度来ると3日ほど続くことも多いようです。

## 5 藁屋根の生活・電灯

昔は藁屋根の家が多かったため強い風が吹く日は特に火の元の用心が必要

でした。昭和24（1949）年ごろ、強い風の日に宮前村羽尾で大きな火災があり、5軒ほどの部落の大半が焼失したことは忘れることができません。その後、村でも藁屋根はだんだん減っていきました。昭和17（1942）年前後までは多くの家庭が石油ランプの生活でしたが、やがて我が家にも電気が入り、藁屋根の家の中に裸電球一つの生活に変わりました。

石油ランプのころと比べると夢のようで、何をするにも60ワットの裸電球の下で親は針仕事や夜なべ仕事、子どもは丸テーブルの上で宿題をしたりトランプをしたり。しかし、まだガスはない時代ですから貴重品の団扇《うちわ》で竈《かまど》の火を扇ぎ、種火から燃えやすい物を焚きつけたりしました。扇風機もなかったので暑い時は風を送ったり蠅を追い払ったりで、団扇は大活躍でした。

## 6 五右衛門風呂

薪《まき》を燃やして木の風呂を沸かす家も多くありましたが、五右衛門風呂は大きな竈でいろいろな雑木を燃やすことができるため少しずつ普及していきました。石川五右衛門が釜ゆでの刑にされたという俗説が名前の由来で、丸い風呂の底に沈めた板の上に乗って湯に入ります。

風呂に入れる水は釣瓶《つるべ》を使って井戸からくみ上げ、風呂まで運びます。家の裏にある井戸から風呂まで小さなバケツに10杯、20杯と運ぶのは子どもの仕事です。

風呂を沸かす燃料は山で掃いて集めた木の葉や枝、それに麦藁です。風呂で体を洗うのは固形せっけん一つだけ。家族全員が順番に入ります。

## 7　裸足で学校へ（昭和20年代）

小学生は朝7時半ごろ、近所の子同士で集まって登校します。先輩の6年生が人数を数え、遅れている子は迎えに行き、みんながそろうと6年生が前後に付き出発です。

天気の良い日はズックですが雨の日はズックか裸足。上級生がズボンが汚れないように面倒を見ながら約2・5キロの「途中からっこ山」の道を通り、ぬかるみ、砂利道、林の中を歩きます。雪の日もズック履きですが、中にはわらじ履き、下駄履きの子もいます。雪が積もると下駄の底に雪の塊がたまって動けなくなったり、鼻緒が切れたりして大変です。そんな時は上級生が助けながら歩きます。

学校に着くと、裸足の子は玄関の脇にある幅2メートルほどの四角い足洗い場で足を洗ってから廊下を通って教室に入ります。

## 8 新川河川工事（昭和20年代）

諏訪神社の西の道は東松山市から宮前村を通り深谷市へ向かう主要道路です。砂利道で、時には木炭自動車（運転台の右後ろに火を燃やすところがある）を見かけることもあります。その道路を福田村役場から５００メートルほど南へ行った所、諏訪神社の北西にある土橋の南側は少しの雨で大人の膝辺りまで冠水し通行不能になります。

滑川は両岸が木々や篠で覆われて流れが蛇行しているため、多少の雨でも水位が急に上がります。

滑川は昭和20年代に河川工事が始まり、多くの男女が働きに来ました。工事は人海戦術で川底の土をえんぴやシャベルで掘り、一輪車やトロッコで運搬します。土の入った台車を線路上のトロッコに載せ、後ろから作業員が押して20メートルほど先の土手の上まで運ぶと台車を横倒しにして土を払う。その作業の繰り返しです。

日曜日、子どもたちはトロッコに乗りに行きます。全員で土手の上まで押していき、行き止まったらみんなで一緒に声をかけて乗り込みます。20メートル先のゴール地点までワイワイ大はしゃぎ。遊んだ後はトロッコを元通りにしておきますが、こんな危険な遊びは大人には内緒です。

河川工事は日銭稼ぎに良い仕事だったかもしれません。長い年月の工事で、川は伊古の上の方から山田の下の方へ向かい緩やかなカーブの流れに生まれ変わりました。川の名を「新川」と言います。

# 第5部　子どもの遊び

## 1 お正月の遊び

1月1日は小、中学生は登校した時代があります。学校に着くと朝礼で校長先生の新年の話を聞き、学級で担任の先生から紅白のまんじゅうを頂いて放課となりますが、しばらくぶりに会った友達同士は懐かしく、お互い楽しい話をしてから帰宅します。

親は三が日は忙しい仕事があってもお休みで、その間は親戚の人が来るのでにぎやかに楽しい時間を過ごします。子どもたちが待っているのはお年玉で、叔父や叔母、親しい方から頂き、たくさんのお年玉を親に確認してもらってから自分でも数え、ほほ笑みながら財布にしまいます。

大人が飲み会をしている間に子どもはお雑煮、おせち料理をおなかいっぱい食べ、正月の遊びに福笑いや羽根つきなどをします。福笑いは紙に描いてあるおかめの顔に、選ばれた1人が目隠しをして顔の部分を目や鼻、口、耳と貼り付けます。付け終わったら目隠しを外し、ゆがんだ顔を見て大笑いになります。

羽根つきは庭の両側に立てた棒に人の背の高さくらいに細い紐を張り、墨と筆も用意しておきます。大人も一緒に個人戦やダブルスを楽しみますが、負けた人は顔に墨を塗られるので何度も負けると真っ黒です。ほかにも百人一首の札を使う坊主めくり、トランプ遊び、こま回し、すごろく、いろはかるた、そして風のある日は自分で作った凧を上げて楽しみます。

## 2　かるた（百人一首）

正月になると家族全員でかるた会をします。いつでもできる楽しい遊びです。

夜になると若者が女性のいる家に集まったり、集会所に月に一度日を決めて集まったりして、子どもから大人まで楽しみます。回数を重ねるうちに、中には和歌を暗記してしまう人もいるので上手な人とそうでない人の差が出ます。数人集まると上手な人が読み手になり、難しい仮名遣いの歌を詠ずるように詠み上げます。取り札は下の句ですので下の句を暗記している人は上の句を詠み始めるとすぐに見つけることができますが、覚えていない人は下の句まで詠まないと札を取ることができません。

例えば「いにしえの奈良の都の八重桜けふ九重ににほひぬるかな」の場合、暗記している人は上の句の「い」、または「いに」が詠み上げられれば、下の句の取り札「けふここのへににほひぬるかな」を見つけることができるというわけです。

子どもから大人まで車座になり、体を乗り出して札を取り合う遊びですが、

勝ち負け以上に楽しめます。

また熱のこもるかるた会は源平合戦です。１００枚の札を50枚ずつ、敵と味方に分けて並べて取り合います。味方の札はもちろん、敵の札を取ると味方の札を相手に渡して枚数を競い合います。

「かるた会は負けるを恥と思うなよ、負けるは勝ちの最初なりけり」

坊主めくりも必ずやるゲームです。裏返しにして高く積んだ１００枚の札を順番に引いていき、坊主が出たら持ち札を全て前に出し、「殿」はそのまま持ち、「姫」は捨ててある札を全て頂くという繰り返しで、最後まで勝負が分からない楽しさです。

## 3 ホタル狩り

麦の穂が黄色く色づく刈り入れ間近から7月ごろまで、カワニナという貝のいる川の水辺にはホタルがいます。ゲンジボタルで体長は7～10ミリ程度。1～2週間の寿命で水温は15～20度くらいが適温のようです。

5月ごろになると日没後2時間くらい、川の浅瀬や、田んぼに水を引く堀の草むらを淡い光を放ちながら飛び交うのはオスのホタルです。

夕方になると、私は姉、妹と一緒に竹ぼうきを持って出かけます。水辺を飛んでいるホタルを竹ぼうきですくい上げるようにすると細い竹の間に引っかかるのです。あるいは長い柄を付けた網ですくうように捕ります。

「ホッ、ホッ、ホータル来い、こっちの水はあーまいぞ、そっちの水はにーがいぞ、ホッ、ホッ、ホータル来い」と歌いながらホタルを捕るのは夢の中

にいるようです。

麦わらで編んだかごに入れたホタルは光を放ちます。家に持ち帰って蚊帳を吊った中に放し、電灯を消すと「ホタルの宿」となり、左右に光を放つ様子は子どもにとって最高のドラマを見るようです。

翌朝、ホタルは元いた水辺に戻します。主に見かけたのはゲンジボタルで、ヘイケボタルやヒメボタルはあまり見かけませんでした。

## 4　カブトムシ・クワガタ捕り

夜行性のカブトムシやクワガタは6～8月の早朝、近くの山へ行くと比較的大きなクヌギやコナラ、クリ等の樹液の出ている根元や幹にとまっています。動きがのろいので捕まえやすく、うまくいけば一度に2、3匹捕まえられるし、木を揺すると何匹も落ちてくることがあります。

それを小さな箱の入れ物に入れて持ち帰り、ガラスの四角い箱に移します。スイカや果物の食べ残しを与え、動きを見るのを楽しみます。クワガタは角の形と体の大きいのが好まれ、うまくすれば高値で売れるといううわさが子どもの間で話題になります。カブトムシはメスよりも大きな角があるオスが喜ばれ、オス同士で角を突き合わせて戦わせたりもします。

カブトムシの幼虫は堆肥の中で腐葉土を食べて成長するので、積んだ堆肥の中から出てくることがよくあります。

## 5 沼、川での水浴び（事故）

宮前村は農家が多く、田んぼを耕作する家も多い。そのため、田んぼの灌《かん》漑《がい》に利用する沼もあちこちにあります。

子どもたちは小さいころから、夏になれば近くの滑川や沼に泳ぎに行っているので泳ぎは上手です。履いているパンツで沼に入り、泳ぎ終わると濡れたパンツを木の枝にかけて干し、帰りは半乾きのを履いて帰ることもあります。滑川の橋場の東側には大きなケヤキの木があり、木陰は着替えもできるし昼寝もできる格好の場所です。すぐ前のコンクリートの堰の上には浅瀬があり、泳ぐのに最適なため夏休みは子どもたちでにぎわいます。

夏のある日、松乃の次男の宗次は友達とその浅瀬で水遊び中、深みにはまってしまいました。溺れて沈みそうになっているのを見た友達の久夫ちゃん、茂ちゃんの2人が大きな声で「宗ちゃんが沈んじゃった」と何度も叫び、その声を聞きつけた橋場の家の武さんが川向こうの桑畑で働いていた父親に「八十やん、八十やん、宗ちゃんが溺れてる」と大声で教えました。

八十吉は現場に走り、子どもたちが指さす方を見ると水面にあぶくを発見。とっさに飛び込み、水を飲んで沈んでいる宗次を引き上げると、海軍で身に着けた救命法で宗次の一命をとりとめました。

## 6 エビガニ釣り

エビガニは以前、アメリカザリガニ（特定外来生物）と言っていました。日本にすみ着いてエビガニと呼ばれるのが一般化したようです。

沼や川の流れのゆっくりした場所や堀に多くすみ、浅瀬で頭や角を出したり、木の枝につかまったりしています。人が通りかかると一斉に深みに後ずさりして逃げますが、足音を忍ばせて近づくと気づきません。

エビガニを釣るには竿の先に30センチほどの糸を付け、糸の先に5ミリ～

1センチ幅に切った干しイカを縛り付けます。これを水面に顔を出しているところへそっと近づけると食いつきます。しっかりつかまったのを確認して引き上げると餌をつかんだまま上がってきます。残酷ですがカエルの皮をはいで餌にすることもあります。

釣り上げたエビガニは怒って大きなハサミを振り上げ、後ずさりして逃げようとします。それを前から捕まえようとするとハサミで挟み、傷ができるほど痛いです。そのため後ろから胴体の部分をつかむ方が安全です。

2時間も釣るとバケツに半分くらいは釣れ、中にはおなかの部分に1ミリに満たない小さな卵を無数に持っているのもいます。夏休みの楽しい遊びです。

釣ったエビガニはゆでてからお尻の部分を強く引くと簡単に殻が外れ、真っ白な身が現れます。味付けして煮れば食卓を飾る一品になります。

## 7 ぶっちゅめ（罠仕掛けで鳥を捕まえる）

「ぶっちゅめ」は畑の隅や山際の鳥がたくさんいる日だまりの場所で、元気な男の子の冬の遊び場でもあります。

篠ボヤの間にはスズメやホオジロがいるため、そこに生えた草や篠を鎌で切り取り、鳥のすみかを作ります。周りに篠を挿して三角形にし、入り口は広く、奥は狭く。中には籾《もみ》などの餌を入れておきます。入り口は篠の横棒2本で、1本は固定し、もう1本は両端に糸を結んで上から吊るようにつなぎます。すみかの後ろにはしっかりした篠を挿して弓型にし、前の入り口の横棒に吊った糸とつなげ、下の横棒に鳥が乗ると上の棒が下りて首が挟まれ動けなくなる仕組みです。主にスズメやホオジロがかかりますが、時にはネズミもかかります。またかかった獲物をカラスや他の動物が襲い、奪われることもあります。
食料の少ない時期、捕まえた鳥は毛をむしって炭火で焼き、おいしく頂きます。

## 8 稲子《いなご》捕り

稲子は体長3センチほど、夏から秋にかけて稲を食べる害虫です。稲子を捕るには布で作った袋に直径3センチ、長さ5センチの竹筒を挿した入れ物を用意します。稲が実る時期に畦道で飛び跳ねているのを手でつかんだり、稲穂の間や草むらで網を左右に回すように振ったりして捕まえます。

子どもたちが捕った稲子を学校に持ち寄り、売ったお金で備品や学用品を買った地域もあるとの話も聞きます。

稲子は熱湯を通して洗い、甘露煮にするか、脚と羽を除いて水洗いし、熱したフライパンで煎って味を付けて食べますが、好き嫌いがあるようです。

## 9　子どもの遊び（1）

**○かくれんぼ**　男女一緒にできる代表的な遊びです。学校から帰るとみんな集まり、じゃんけんで負けた人が鬼。「よーいどん」で鬼以外は一斉に隠れ、鬼はいち、にい、さんと10まで数えたら隠れた人を見つけに行く。一番先に見つかった人が次回の鬼になる。当時は物置に藁が積んであり、その中に隠れるとなかなか見つかりません。

**○べーゴマ**　バケツのような丸いものに硬い布を張り、駒が落ちないように中心部分を低くする。糸を巻いた駒を中心部に向かって勢い良く回るように投げ入れると、駒同士がぶつかり合い相手の駒を外に出すか、逆に自分の駒が飛び出す。飛び出した駒は負けです。熱の入った子どもは駒の角の部分をやすりで鋭く磨いたり、コンクリートでこすって駒を薄くしたりして勝とうとします。

**○めんこ**　円形または方形に作った厚紙で表面にきれいな絵や写真があしらわれています。この遊びは子どもたちの間で「ぶつけ」と呼ばれ、テーブルの上などに置いて交互にぶつけ、相手のめんこが裏返れば勝ちです。子どもたちは学校から帰ると友達の家などに集まり、めんこ遊びに興じます。上手な子は何枚ものめんこを集めています。

# 10 子どもの遊び（2）

**○将棋盤の上で山崩し**　将棋の全ての駒を手でかき回し無造作に山形に積み重ねるように置きます。2人または3人交代で崩れる音がしないように下の駒から滑らせるように外す。少しでも音がしたら交代です。

**○ニラムシを釣る**　家の庭の土の部分に幼虫のいる場所があります。まっすぐに上に向かって直径2～3ミリの穴を開け、獲物が来るのを待っています。その穴に細長いニラを差し込むと、中の虫が食いついて上がってきます。ニラムシについて調べると、昆虫網甲虫目ハンミョウ科の昆虫の俗称とあります。

**○縄跳び**　縄の両端を2人で持ち、他の人は並んで跳ぶ準備をします。最初は小さく小波、だんだん大きく大波にしたり、大きく回したりして跳ぶ人が縄に引っかかると失格です。

**○ゴム跳び** ゴムの両端を2人で持ち、他の人が跳び越える。最初は低く、だんだんと高さを上げていきます。

## 11 子どもの遊び（3）

**○竹馬** 小さい子どもにとっては楽しい遊びです。竹藪のある家から適当な太さの竹を頂いてきたら、2メートルくらいの長さで2本に切ります。足が十分に乗る長さの四角く割った木を準備し、柳のつるで強く結わえます。最初は危険がないように低い位置に縛り、歩くのに慣れたら徐々に高い位置に移動します。竹馬に乗ると背が高くなるので優越感に浸ったり、上手になると駆け足もできます。

友達と競走するのも楽しいですが、転ぶと危険なので注意が必要です。

## 12 子どもの遊び（4）

○**釘刺し**　家庭から持ち寄った五寸釘を使い、農家の庭で釘刺しをします。2人でじゃんけんをして順番を決め、交代で五寸釘を片手で土に突き刺さるように投げます。刺さったところを線でつないで年輪のように点から点を結んで広げていき、相手の出口の線上に釘を刺して相手が出られなくなったら勝ちです。

○**靴投げ**　人数が集まると履いている靴を交代で投げて遊びます。1人ずつ「あした天気になあれ」と言って片方の靴を脱ぐように放り投げ、落ちた靴が上を向いていればあしたは晴れ、靴の底が上向きになると雨と予想します。

○**馬乗り**　1人が壁際に立ち、もう1人が立っている人の腰を持ち、馬の格好をしたその上に遠くから飛び乗ります。何人乗れるか？　体力がないと崩れてしまいます。

## 13 子どもの遊び（5）

○**トランプゲーム**　トランプは誰でも知っている遊びで、日曜日はもちろん、平日でも3、4人集まると始まります。特に正月は家族そろって楽しめます。

▽**ババ抜き**　車座になり、カードを配る人が1枚のババ（ジョーカー）を入れた53枚を平等に配ります。じゃんけんで引く順番を決めたら左側の

人に引かせ、次に右隣の人の持ち札を引き、数字が合ったらカードを捨てます。最後に残ったババを持った人が負けになります。

▽**七並べ**　配られたトランプから7の札を真ん中に出します。ハート、ダイヤ、クローバー、ミツバの4種類を並べ、じゃんけんで勝った人から右回りに7を中心に続く上の数字、下の数字を出していきますが、出す札がない場合はババを代わりに出し、持っている人に出してもらう。1から13まで並べ終わり、最後にババを持った人が負け。

▽**神経衰弱**　裏返しにしたカードをバラバラに広げて置きます。順番を決めて、伏せたカードを2枚開け、同じ数字を当てます。カードをたくさん集めた人が勝ちです。

## 14 子どもの遊び（6）

○**ビー玉遊び**　ビー玉を目の高さに構えて地面にあるビー玉を狙って落とし、当たったらもらえます。交互に繰り返したくさんのビー玉を取った人が勝ちです。穴を掘って特定の位置から転がして入れる遊びもあります。きれいな色のビー玉を集めるのも楽しみの一つです。

○**竹とんぼ**　孟宗竹を長さ15～20センチ、幅20ミリ程度に切り、中心から互い違いに斜め平らにナイフで削る。中心にきりで穴を開けたら丸く削った心棒をしっかりと差し込みます。こうして出来上がった竹とんぼは両方のてのひらで力強く回すと、高く遠く飛びます。

○**通りゃんせ**　選ばれた2人がつないだ両手の下を唄を歌いながら通り、唄が終わった時につないだ手の輪の中に入る子を捕まえる遊びです。

「通りゃんせ通りゃんせ、ここはどこの細道じゃ。天神様の細道じゃ。どうぞ通してくだしゃんせ。御用のないもの通しゃせぬ。この子の七つのお祝いにお札を納めにまいります。行きはよいよい、帰りは怖い。怖いながらも通りゃんせ通りゃんせ」

## 15 子どもの遊び（7）

○**だるまさんが転んだ**　鬼が「だるまさんが転んだ」と言っている間に鬼以外の人が少しでも前に進み、動いていることが鬼に分かったらアウトになる。繰り返し、鬼のところまでたどり着き、鬼に触れたら勝ちになる。アウトの人が次回の鬼になります。

○**爪揚げ**　孟宗竹を50センチくらいに切り、5ミリくらいの太さに裂いて、まず四角に縛ったら対角線上に2本のひごを縛る。それに障子紙を貼り楽しい絵を描いて、四隅から糸を出し、障子紙を幅6～7センチ、長さ2メートルほどに切った足を2本付ければ出来上がり。四隅から出た糸を1本にしてそこに長い凧糸を伸ばし、強い風を利用して揚げます。

**○お手玉**　まずは2個のお手玉を両手で同時に上に上げ左右のてのひらで受け取る。次は3個のお手玉を同様に移動させる。お手玉の数を徐々に増やしていく技術のいる遊びです。

## 16　子どもの遊び（8）

**○ハンカチ落とし**　参加者全員が歌を歌いながら尻をついて車座になり内側を向き、鬼はハンカチを持って周りを回るが、鬼以外は後ろを見ないで落としたのを手探りでキャッチする。落とした後、鬼が一周するまで気づかないと真ん中に座る（便所）。ハンカチを捕まえた人が次の鬼。

**○だるま落とし**　5段くらいに積んだ木製のだるまを下から小槌で一つずつたたいて抜いていく。うまくいかないと、たたいた以外の駒が不安定になり全部倒れたりする。

**○あんたがたどこさ**　「あんたがたどこさ、肥後さ、肥後どこさ、熊本さ、熊本どこさ、せんばさ、せんば山には狸がおってさ、それを猟師が鉄砲で撃ってさ、煮てさ、焼いてさ、食ってさ、それを木の葉でちょっとかぶせ」

丸くなって手をつなぎ、この歌を歌いながらリズムを取って左右の足を交互に「さ」でジャンプを繰り返す遊びです。

# 17 子どもの遊び（9）

○**かごめかごめ**　「かごめかごめ、籠の中の鳥はいついつでやる、夜明けの晩に鶴と亀が滑った、後ろの正面だあれ」。中にいる目隠し鬼が前の誰かの名前を当てるゲームです。

○**空き缶の下駄**　真ん中に穴を開けた2本の空き缶の底に紐を通し、その紐を足の親指と人差し指の間に通して両手で左右交互に強く引きながら歩くと、カランコン、カランコンと音がする。体重があると缶がつぶれるので小学生でも下級生くらいかな？

○**石けり**　庭の土の上に棒で丸や四角をいくつか書き、片足で石をけりながら図形の中に順番に入れる。

○**糸でんわ**　紙コップを二つ用意し、底に開けた穴に通した糸でつないで電話ごっこをする。糸を張ると耳元に声が響いて聞こえるような気がして楽しい遊びです。

## 18 子どもの遊び（10）

○**オセロ**　白黒の円盤状の駒を交互に置きながら、相手の駒を挟んだら裏返して自分の色の駒にすることで、最終的に駒の数を競い合う。

○**缶けり**　直径50センチくらいの丸を地面にいくつか書き、スタート地点から片足で缶をけりながら隣の丸の中に入れて前に進んでいく。

○**段ボール土手滑り**　段ボールを尻に敷いて土手の上から滑り降りる。高い場所から降りるとスリルがあります。

○**花いちもんめ**　勝ってうれしい花いちもんめ、負けて悔しい花いちもんめ。

二手に分かれて歌を歌いながら3歩前に出て次に後ろに下がる。

## 19 子どもの遊び（11）

○**ずいずいずっころばし**　「ずいずいずっころばしごまみそずい、茶壷に追われてトッピンシャン、抜けたらドンドコショ、俵のネズミが米食ってチュー、チュー、チュー、チュー、おとさんが呼んでも、おかさんが呼んでも行きっこなしよ、井戸の周りでお茶碗欠いたのだあれ」と歌って楽しむ。

○**あやとり**　輪にした糸を左右の手指にかけ、琴、鼓、川などいろんな形を作って遊ぶ。

○**おはじき**　自分の好きなおはじきを選び、テーブルの上で指ではじき、相手のおはじきに命中すれば自分のものにできる。何個かのおはじきを投げ上げ、落ちてくるのをいくつ受け取れるかを競い合う遊び方も。

## 20 子どもの遊び（12）

○**いろはかるた**　「犬も歩けば棒に当たる」――かるたと言えば、いろはかるたです。いろは四十九の一文字を頭に49枚のかるた取りをして遊びます。誰もが読めるので小さい子どもから大人まで一緒に遊べます。子どもには教訓を得られる句もあります。

○**陣取り遊び**　2チームに分かれ自分の陣地と相手の陣地の間に線を引き、陣地の中に入った人に触れたらじゃんけんをして負けた人はしゃがむ。勝った人は次の人を捕まえます。

# 21 子どもの遊び（13）

**○いす取りゲーム**　いすを人数分より一つ少なく準備したら音楽に合わせて歌を歌いながら、いすの周りを回る。音楽が止まるのと同時にいすに競い合って座る。座れずに残った人が負け。続いていすを一つ外し、その繰り返しで最後のいすに座った1人が勝ちになる。

# あとがき

今の農作業は耕運機をはじめとする機械が導入され、昔からすれば夢のようです。

昔の農家は忙しく働き、夜なべ仕事の縄ないや俵編み、子どもは学校から帰ると家の手伝い、春と秋は農繁休暇の1週間に家を助けました。

川にはたくさんの鮒や雷魚、うなぎがいて、捕った魚は貴重なたんぱく源になり、残れば乾物にして保存しました。また行事のたびに家族が集まり、ごちそうを食べ、飲んで歌って子どもから大人まで楽しみました。

楽しい行事やお祭りを楽しみに働いてきたこと、数十年前のことを多少でも理解していただければと思います。

本を読んで、昔を知る人は懐かしく思い出し、知らない人は昔のことを少しでも知ってもらえれば幸せです。

この本を書くに当たり埼玉新聞社をはじめ、さまざまな方のご協力を頂きました。心よりお礼を申し上げます。

2023年5月

石井 勝雄

【著者略歴】
**石井 勝雄**（いしい・かつお）

1939年、埼玉県生まれ。1962年、埼玉大学教育学部卒業。1962年より東松山市立松山中学校、滑川町立滑川中学校、埼玉県立寄居養護学校、埼玉県立坂戸ろう学校に教諭として勤務。2000年、定年退職。

# じいじ、ばあばが小さかった頃

2023年5月20日　初版第1刷発行

著　　者　石井 勝雄
発 行 者　関根 正昌
発 行 所　株式会社 埼玉新聞社
〒331-8686 さいたま市北区吉野町2-282-3
電話 048-795-9936（出版担当）
印刷・製本　株式会社 クリード


ISBN978-4-87889-543-2 C0039

（定価はカバーに表示）